La Banque du Canada

Origines et premières années

La Collection Carleton Library Series

Cette série comporte des œuvres inédites, de nouvelles collections et des réimpressions de documents de première main ayant tous trait au Canada. Elle est publiée sous la supervision du Comité de rédaction de la collection Carleton Library Series, Carleton University Press Inc., Ottawa, Canada.

La Banque du Canada
Origines et premières années

par
George S. Watts

sous
la direction de
Thomas K. Rymes

Carleton University Press
Ottawa, Canada
1993

ISBN 0-88629-182-8 (casebound)
ISBN 0-88629-183-6 (paperback)

Imprimé et relié au Canada

Carleton Library Series 174

Données de catalogage avant publication (Canada)
Watts, George S., 1909–
La Banque du Canada

(Carleton Library Series 174)
Texte en français et anglais
Titre de la p. de t. addit., tête-bêche : The Bank of Canada
Comprend un index.
ISBN 0-88629-182-8 (relié)
ISBN 0-88629-183-6 (broché)

1. Banque du Canada–Histoire. I. Rymes, T.K. (Thomas Kenneth), 1932– . II. Titre. III. Titre : The Bank of Canada. IV. Collection.

HG2706.W38 1992 332.1′1′0971 C93-090009-XE

Distribué par Oxford University Press Canada,
70 Wynford Drive,
Don Mills, Ontario,
Canada. M3C 1J9
(416) 441-2941

Conception de la couverture : Y Graphic Design

Remerciements

Les Presses de l'université Carleton remercient bien sincèrement le Conseil des Arts du Canada et le Conseil des arts de l'Ontario pour l'aide qu'ils accordent à leur programme de publication.

Table des matières

Liste des illustrations

Préface du directeur de la publication

La collection *Carleton Library Series* des Presses de l'université Carleton regroupe des recueils de documents, des tirés à part de travaux importants et des études originales touchant de nombreux domaines, comme les sciences sociales, l'histoire et la littérature canadiennes. Grâce à la généreuse collaboration et au soutien financier de la Banque du Canada, la collection déjà importante d'ouvrages économiques s'est enrichie du recueil des sept articles sur les origines et les vingt premières années de la Banque du Canada, articles rédigés par George S. Watts et déjà publiés dans la *Revue de la Banque du Canada*.

Dans l'avant-propos, M. Gerald K. Bouey, ancien gouverneur de la Banque du Canada, dresse de l'époque couverte une esquisse qui permet de mieux apprécier l'étude de M. Watts.

Le directeur de la publication désire remercier le gouverneur actuel, M. John Crow, de son appui dans cette entreprise; M. Bouey, pour l'avant-propos qu'il a aimablement accepté d'écrire; M. Robert Price, pour la notice biographique qu'il a rédigée sur M. Watts; Mme Jane E. King et Mme Jane Witty, de la Banque du Canada, pour leur collaboration à cet ouvrage; la Banque du Canada, pour son encouragement, ses services d'archivage, de rédaction et de traduction et son appui financier. Il remercie tout particulièrement M. George S. Watts, pour avoir permis la réimpression de ses articles dans la collection *Carleton Library Series*.

Thomas K. Rymes,
Professeur d'économique

Avant-propos

Le compte rendu bien documenté que M. George Watts livre dans les pages qui suivent satisfera sans aucun doute la curiosité des lecteurs qui s'intéressent aux débuts de la banque centrale au Canada, particulièrement aux deux premières décennies de la Banque du Canada, soit la période comprise entre 1935 et 1954.

Le recueil est composé de sept articles qui ont été publiés dans la *Revue de la Banque du Canada* entre mai 1972 et janvier 1976. Ces articles avaient été rédigés dans le cadre du lancement de la revue mensuelle de la Banque, mais, ce qui est plus important, ils traduisaient l'opinion selon laquelle il était temps, près de 40 ans après l'ouverture de la Banque, de commencer à en écrire l'histoire. Compte tenu de son vif intérêt pour le sujet et des nombreuses années qu'il avait passées au service de la Banque, M. Watts était tout désigné pour entreprendre ce travail d'historien. L'objectif de M. Watts était de brosser un tableau descriptif de la Banque et de ses origines et non de mener une étude critique.

Certes, M. Watts n'était pas à la Banque au moment où celle-ci a été créée, mais il y est entré peu de temps après et il est parfaitement au courant des événements qui ont marqué les premiers jours de l'institution. Et, heureusement, son compte rendu commence par ce qu'il appelle la préhistoire de la Banque. Il décrit le cadre institutionnel qui avait permis au Canada d'avoir un système financier perfectionné bien avant 1935. «La création d'une banque centrale au Canada, écrit-il, dans la toute première phrase du chapitre I, n'est intervenue qu'à un stade relativement récent de l'évolution économique du pays . . . » Il décrit comment, au début, le gouvernement a commencé à s'acquitter de certaines fonctions d'une banque centrale, l'intérêt grandissant pour la création d'une banque centrale dans les années 20 et 30 et les événements qui ont concouru à la fondation de la Banque du Canada.

Les lecteurs des années 90, plus encore que ceux des années 70, pourront apprécier à quel point les défis qui se posaient à la Banque au début de ses activités différaient de ceux qu'elle a dû relever plus tard. Compte tenu, par exemple, du niveau élevé des taux d'inflation et des taux d'intérêt observé à certains moments au cours des deux dernières décennies, il suffit de rappeler, pour donner une idée de l'évolution qui a eu lieu, que le taux officiel d'escompte (le taux minimal auquel la Banque est disposée à faire des avances aux banques à charte) avait été fixé à 2 1/2 % en 1935, au moment où la Banque est entrée en activité, qu'il est resté inchangé jusqu'en 1944, année où il a été abaissé à 1 1/2 %, qu'il a été relevé à 2 % en 1950 pour rester à ce niveau jusqu'en 1955. Cette situation s'explique par le fait que la Banque a été fondée au plus fort d'une grave dépression — à laquelle ont succédé la Deuxième Guerre mondiale et un train de mesures de contrôle des prix et d'autres contrôles directs sur l'économie — et que les comportements issus de la dépression ont persisté longtemps après la guerre. Beaucoup de gens craignaient que la prospérité dont jouissait le pays pendant la guerre ne soit qu'un intermède dans une longue période de dépression. Comme l'indique M. Watts[1], cette attitude a commencé à changer à la fin de la période couverte dans le compte rendu. Mais ce n'est pas avant le début des années 70 que le renversement a été vraiment complet et que les attentes inflationnistes ont commencé à jouer un rôle prépondérant dans l'économie.

La situation financière tant au Canada qu'à l'étranger au cours des premières années d'existence de la Banque justifiait l'opinion que la politique monétaire n'avait pas à s'inquiéter sérieusement des menaces persistantes de l'inflation. Aux États-Unis, ce n'est que vers le début des années 50 que le Système fédéral de réserve a commencé, très lentement d'ailleurs, à mettre en œuvre une politique monétaire active. Au Canada, le taux d'intérêt maximal que les banques à charte étaient autorisées à exiger sur les prêts était limité à 6 % en vertu de la *Loi sur les banques* de 1944, et leur taux de base (le taux qu'elles consentent à leurs meilleurs clients) n'était jamais inférieur à 4 1/2 %. Par cette mesure, le Parlement faisait clairement savoir qu'il estimait qu'il n'était pas nécessaire de prévoir des mouvements à la hausse des taux

---

[1]Voir chapitre VII, p. 103–117.

d'intérêt à court terme. Qui plus est, toute fluctuation importante des taux d'intérêt qui se serait produite au Canada pendant que ces derniers étaient relativement stables aux États-Unis aurait bien pu provoquer des problèmes de change. Par ailleurs, bien après la fin de la guerre, les finances publiques affichaient un excédent, ce qui limitait la nécessité d'une politique monétaire anti-inflationniste.

Dans ces circonstances, lorsqu'il est apparu souhaitable de contenir la croissance de la dépense dans l'économie, la Banque a appliqué avec modération des mesures traditionnelles de resserrement monétaire. Mais elle avait plus souvent recours à la persuasion morale pour restreindre l'utilisation de certaines formes de crédit bancaire. À l'époque, les autres sources de crédit commercial n'étaient pas encore très développées. Une fois de plus, comme l'indique M. Watts dans son compte rendu des mesures prises par la Banque pour encourager la création d'un marché monétaire efficient, cette situation commençait à changer vers la fin de la période couverte[2].

Certes, la politique monétaire active que l'on connaît de nos jours n'aurait pas été appropriée dans les premières années d'existence de la Banque, mais cela ne veut pas dire qu'à l'époque tout était facile pour cette dernière. M. Watts donne un aperçu des autres tâches auxquelles la Banque a consacré ses énergies, bon nombre d'entre elles débordant le champ des attributions qui était considéré comme strictement le sien. Je pense ici à la mise sur pied de l'organisation et de son mode de fonctionnement et à l'établissement de contacts avec les milieux financiers; au rôle joué dans la résolution des problèmes financiers des provinces et dans les relations fédérales-provinciales pendant la période difficile qu'a été la fin des années 30; à sa très importante participation au financement de la guerre, à la réglementation des changes et au contrôle des prix et au rôle de conseiller en matière de politique budgétaire que la Banque a joué après le déclenchement des hostilités en 1939; et, par la suite, à sa contribution aux travaux de planification de l'après-guerre. À cet égard, il y a lieu de rappeler que la Banque a collaboré, à l'échelle internationale, à la fondation du Fonds monétaire international et de la Banque mondiale et, à l'échelle nationale, à la création de sa

---

[2]Voir chapitre VII, p. 113–117.

propre filiale, la Banque d'expansion industrielle, qui est devenue plus tard la Banque fédérale de développement et dont le mandat était d'octroyer des crédits aux petites entreprises qui ne pouvaient en obtenir ailleurs à des modalités raisonnables. La Banque a continué de s'intéresser à des activités qui n'entraient pas directement dans les attributions d'une banque centrale, mais elle leur a consacré de moins en moins d'attention à mesure que la situation économique exigeait la mise en œuvre d'une politique monétaire plus active.

Les étudiants qui s'intéressent à la banque centrale et à la politique monétaire canadienne trouveront dans ces articles, à la fois concis riches en détails, et une excellente introduction au domaine.

Gerald K. Bouey

Notice biographique : George S. Watts

Fils d'un pasteur presbytérien, George Watts est né en 1909 à Milton, en Ontario. Il avait quatre ans lorsque sa famille est allée s'établir à Hamilton, et huit, quand elle s'est installée dans le quartier de la Côte de sable à Ottawa, ville où il a passé le reste de son enfance. En 1927, M. Watts est entré à l'université Queen's, à Kingston, où il a obtenu un baccalauréat et une maîtrise en sciences économiques. En 1931, il a commencé à l'université Columbia des études de troisième cycle qu'il a poursuivies pendant deux ans. Puis, en 1936, après avoir occupé un poste de chargé de cours au collège Amherst, au Massachussets, il est entré au service du département des Recherches de la Banque du Canada. Il est devenu par la suite le spécialiste de la Banque pour les questions de balance des paiements et de commerce international. M. Watts se souvient qu'à l'époque, la Banque était une petite institution dont les quelque 230 employés formaient un groupe très uni. Même les employés des niveaux subalternes travaillaient souvent directement avec le gouverneur et le premier sous-gouverneur et étaient appelés à s'acquitter d'une foule de tâches. S'ils ne possédaient pas la spécialisation nécessaire, ils acquéraient les compétences une fois en poste.

Après le déclenchement de la guerre, M. Watts partagea son temps entre la Banque et la Commission de contrôle du change étranger, qui venait d'être créée. Comme il l'indique dans ce recueil, «l'organisme était autonome, mais ses relations avec la Banque du Canada étaient si étroites qu'il était impossible à maints égards de l'en distinguer». M. Watts a été pendant bon nombre d'années administrateur suppléant de la Société d'assurance des crédits à l'exportation, qui est devenue la Société pour l'expansion des exportations. Après avoir été pendant une douzaine d'années, à partir de la fin des années 40, professeur à temps partiel de commerce international à l'université Carleton, il a été muté au département des Relations internationales de la Banque du Canada dès l'ouverture de celui-ci en 1971.

Tout au long de ces années, M. Watts a développé un vif intérêt pour l'histoire de la banque centrale du Canada. Pendant qu'il préparait la série d'articles qui forment le présent recueil, il a été invité par le gouverneur Louis Rasminsky à mettre sur pied les Archives de la Banque du Canada et à en devenir le premier archiviste. Même si M. Watts est officiellement à la retraite depuis 1977, il a continué de faire office d'expert-conseil au Service des archives de la Banque, d'abord à temps partiel, puis à titre de bénévole.

M. Watts a épousé en 1936 Katharine Sutliff Foster, originaire de Princeton, au New-Jersey. Ils ont deux fils, George et William, et deux petits-enfants. M. et Mme Watts vivent toujours à Ottawa où une ruelle dans leur ancien quartier porte, depuis 1990, le nom de ruelle George Watts.

Robert T. Price

George S. Watts. Photographie de l'auteur réalisée par Newton, Ottawa. (Archives de la Banque du Canada)

CHAPITRE I

L'institut d'émission au Canada : origine et contexte historique

La création d'une banque centrale au Canada n'est intervenue qu'à un stade relativement récent de l'évolution économique du pays, soit le 11 mars 1935. Les États-Unis avaient institué le Système fédéral de réserve vingt-deux ans plus tôt, et certains pays du Commonwealth s'étaient déjà dotés d'un institut d'émission ou avaient à l'étude un projet de loi organique en ce sens. Au Canada, au contraire, on ne s'est guère intéressé sérieusement à la création d'une banque centrale avant la fin des années 20; même au début des années 30, alors que la dépression suscitait des critiques de plus en plus vives à l'égard du système financier de l'époque, ceux qui préconisaient la fondation d'une banque centrale étaient encore peu nombreux. En fait, la fondation de la Banque du Canada à cette période particulière de notre histoire doit être attribuée davantage, semble-t-il, à l'intervention du premier ministre Bennett et à l'appui de quelques personnalités influentes des milieux financiers et universitaires qu'aux vœux de la masse de la population canadienne.

LE CONTEXTE HISTORIQUE

Ce peu d'intérêt pour la création d'une banque centrale et l'absence presque totale de pressions en ce sens avant la fin des années 20 s'expliquent par le climat économique et politique de l'époque, en particulier par l'évolution du système bancaire canadien au cours des quelque cent années précédentes. Une caractéristique très nette de l'évolution des banques au Canada mérite en effet

---

*Publié au préalable dans la *Revue de la Banque du Canada*, livraison de mai 1972, p. 15–27.

d'être notée : contrairement à ce qui s'est passé dans de nombreux autres secteurs de notre économie où l'influence des États-Unis a été marquée, nos banques se sont développées selon des tendances qui leur étaient propres et, dès le début, ont présenté des traits qui les différenciaient nettement de leurs homologues américaines. Cela ne veut pas dire que l'organisation bancaire au Canada n'a pas subi l'influence des États-Unis. Ainsi, la charte de la Banque de Montréal était calquée, pour l'essentiel, sur celle de la deuxième *Bank of the United States* et, malgré la brève existence de cette dernière, elle a servi de modèle aux chartes de la plupart des premières banques canadiennes. Par la suite, vers le milieu du XIXe siècle, on tenta bien, avec l'appui des autorités, d'instaurer au Canada un système plus ou moins comparable à celui des États-Unis — où les banques ne pouvaient avoir de succursales —, mais ce mouvement n'eut aucune suite.

Plusieurs facteurs expliquent que le système bancaire canadien se soit développé indépendamment de celui des États-Unis. À l'époque où furent fondées les premières banques de la république voisine, de nombreuses villes comptaient déjà une population assez considérable, et l'activité économique y était suffisamment diversifiée pour assurer la viabilité de banques locales indépendantes. Il y avait en outre, aux États-Unis, une mentalité hostile à la centralisation, qui s'est traduite par une méfiance tenace à l'égard des grandes entreprises, et la législation bancaire en porte clairement l'empreinte. La déconfiture de la *Bank of the United States* peut être attribuée à cet état d'esprit. Au Canada, par contre, qui était demeuré au sein de l'Empire et où immigrèrent nombre d'employés de banque britanniques, écossais surtout, le régime bancaire eut tendance à se modeler sur celui de la Grande-Bretagne. Par suite de cette influence britannique, les législateurs se montrèrent en général très réticents lorsqu'il s'agissait d'octroyer des chartes bancaires, et cette attitude a indéniablement contribué au développement d'un régime de banques à succursales. Enfin, les premières banques au Canada furent fondées en vue de répondre à des besoins bien particuliers et durent s'adapter aux conditions de leur milieu pour prospérer. Or, à la différence de l'économie américaine, l'économie canadienne reposait principalement, à l'époque, sur l'agriculture, l'exploitation forestière et les industries qui en dépendaient, autant d'activités strictement saisonnières quant à leurs opérations et à leurs besoins de financement. La constitution d'un réseau de succursales bancaires facilitait le transfert, d'une région à une autre, de billets de banque et d'autres ressources financières et permettait ainsi de mieux répondre aux besoins saisonniers, différents d'un endroit à l'autre, de ces divers secteurs de l'économie. Au reste, les agglomérations de quelque importance n'étaient guère nombreuses et les petits villages étaient dispersés sur un immense territoire. L'économie étant encore peu développée et peu diversifiée, on pouvait ouvrir des succursales avec beaucoup moins de capital et de personnel spécialisé qu'il n'en aurait fallu pour établir des banques indépendantes. De cette façon, les banques purent installer des guichets dans nombre de localités où une banque indépendante n'aurait pu être rentable.

L'expansion des banques à succursales a sans aucun doute été l'une des principales raisons pour lesquelles le Canada n'a pas connu certaines des difficultés qui devaient mener à la création du Système fédéral de réserve aux États-Unis — difficultés liées notamment à l'émission des billets de banque, à la garde des fonds publics, à la compensation des chèques et à la liquidité des banques. Le privilège d'émission au Canada donna bien lieu à certains abus, mais, une fois qu'on eut pris des mesures appropriées pour assurer la protection des porteurs de billets, le régime adopté pour l'émission de la monnaie fiduciaire fonctionna assez bien pendant une période d'environ cent ans, au cours de laquelle la plus grande partie des billets en circulation furent ceux des banques à charte. Ce régime était en outre caractérisé par sa souplesse, qui permettait de faire face à des besoins saisonniers ou imprévus. Les États-Unis réussirent de leur côté, à l'occasion de la guerre de Sécession, à mettre au point un régime d'émission à la fois uniforme et sûr, mais dont la rigidité fut la cause de plusieurs crises monétaires et explique les fortes pressions exercées de temps à autre en vue de le réformer.

Les banques canadiennes étaient beaucoup plus nombreuses à cette époque qu'aujourd'hui. Dès le début, cependant, il y eut une ou deux banques, davantage par la suite, qui, en raison de leur envergure nationale et des ressources relativement abondantes dont elle disposaient, pouvaient entreprendre des opérations que les banques moins importantes, essentiellement régionales, ne pouvaient assurer. On cite à cet égard l'exemple classique de la Banque de Montréal, qui fut longtemps le seul établissement en mesure d'administrer les comptes bancaires du gouvernement. Pendant quelques années même, avant et après la Confédération, elle exerça la plupart des fonctions — y compris certaines formes de contrôle — qu'on aurait normalement confiées à l'époque à une banque centrale. Ces fonctions furent réduites par la suite, mais la Banque de Montréal continua pendant de nombreuses années à avoir, pour ainsi dire, le monopole des opérations bancaires du gouvernement. Grâce à la présence d'une banque assez puissante pour se charger sans peine de ces opérations, notre gouvernement n'as pas connu les mêmes difficultés que celui des États-Unis, qui, avant la création du Système fédéral de réserve, devait faire appel pour ses opérations financières à des centaines de banques sans succursales.

Le développement d'un réseau de succursales bancaires a également facilité, au Canada, la mise en place d'un système efficace de chambres de compensation, à mesure que le besoin s'en faisait sentir — contrairement à ce qui se produisit aux États-Unis, où la compensation des chèques ne cessa de poser de sérieux problèmes jusqu'à la fondation de la Réserve Fédérale. Les accords de compensation établis au Canada n'avaient, au début, aucun caractère officiel, mais ils furent ensuite réglementés par l'Association des Banquiers Canadiens (A.B.C.), à laquelle le Parlement avait confié, en 1901, lors d'une révision de la *Loi sur les banques*, des fonctions de surveillance et de contrôle de certaines activités bancaires.

L'Association avait été créée surtout pour répondre au désir des banquiers d'étudier collectivement leurs problèmes communs et, plus particulièrement, de présenter un front uni lors des audiences parlementaires tenues à l'occasion des révisions décennales de la *Loi sur les banques*, qui portaient notamment sur le renouvellement de leurs chartes. En outre, bien qu'il y eût des réunions entre les représentants des banques et du gouvernement avant la fondation de l'Association, la nouvelle institution fournissait aux deux parties un moyen très efficace de communication; l'A.B.C. joua un rôle particulièrement utile lors de la Première Guerre mondiale, durant laquelle les avis et la collaboration des banques se révélèrent de la plus grande importance. La prise en charge de diverses fonctions par l'A.B.C. rendit alors moins urgente la fondation d'une banque centrale au Canada.

La guerre de 1914–1918 eut de nombreuses répercussions sur le système bancaire canadien et modifia notamment la nature de ses relations avec le gouvernement. Par suite de l'ouverture des hostilités, les autorités canadiennes eurent à résoudre des problèmes financiers sans précédent, et le ministère des Finances — doté d'effectifs plutôt modestes et, de surcroît, peu familiers avec les opérations financières de vaste envergure qu'entraînait la guerre — dut compter, dans une large mesure, sur l'expérience et la coopération des banquiers. De leur côté, les banques se trouvèrent parfois dans des situations qui auraient pu devenir graves sans le soutien et l'appui du gouvernement. Aussi les banques à charte et le gouvernement travaillèrent-ils en étroite collaboration pendant toute la durée de la guerre.

Dans les semaines qui précédèrent immédiatement l'ouverture des hostilités et pendant celles qui suivirent, il y eut chez certains déposants quelques mouvements de panique, d'ailleurs sans grande importance. Parmi les mesures prises à cette occasion, certaines constituaient des solutions classiques à une situation d'urgence : suspension de la convertibilité, relèvement du plafond prévu pour l'émission des billets du gouvernement canadien et mise en place de dispositifs en vue d'un moratoire éventuel, qui ne fut cependant jamais décrété.

Des mesures complémentaires, d'une portée beaucoup plus considérable, furent édictées par arrêté en conseil et, par la suite, furent incorporées à la *Loi des finances* de 1914, dont le principal auteur fut le ministre des Finances, M. Thomas White. Cette loi prévoyait essentiellement que les banques à charte — moyennant le nantissement de certains titres ou effets — pourraient obtenir du ministre des Finances une avance sous forme de monnaie fiduciaire. Les banques à chartes étaient donc en mesure d'accroître au besoin leur encaisse; en d'autre termes, la *Loi des finances* avait mis en place un mécanisme dont le rôle pouvait, en pratique, être assimilé à l'une des principales fonctions d'une banque centrale.

Cette loi avait été conçue, semble-t-il, comme mesure de précaution destinée à ne servir qu'en cas d'urgence, mais elle resta en vigueur pendant près de vingt ans; on y eut de plus en plus recours durant cette période et, de ce fait, elle a joué un rôle d'une importance toute particulière. Au début, les banques ne se prévalurent que rarement des facilités offertes par la *Loi des finances* de 1914. Les avances consenties au cours de la guerre par le gouvernement en vertu de cette loi, encore qu'elles dépassèrent parfois les 100 millions de dollars, servirent surtout à satisfaire les besoins de trésorerie du gouvernement entre deux émissions d'obligations de guerre. Après 1918, les relations entre les banques à charte et le gouvernement redevinrent à peu près ce qu'elles avaient été avant la guerre, sauf qu'on continua d'avoir recours aux dispositions prévues par la *Loi des finances* de 1914. L'encours des avances diminua quelque peu au cours des premières années qui suivirent la fin des hostilités, mais augmenta de nouveau par la suite, les banques utilisant ces avances d'une façon plus continue et sur une plus grande échelle.

Bien que les opérations prévues par la *Loi des finances* de 1914 pourraient en quelque sorte être assimilées à celles d'une banque centrale, on ne connaît aujourd'hui que peu de choses des normes suivies dans l'application de cette loi. Les avances aux banques étaient sujettes à l'autorisation préalable du Conseil du Trésor, dont les membres, vers la fin des années 20, étaient le ministre des Finances, à titre de président, ainsi que les ministres des Chemins de fer et Canaux, des Douanes, de l'Intérieur, et des Postes; le sous-ministre des Finances était secrétaire d'office. Le taux auquel ces avances étaient consenties fut modifié à plusieurs reprises; il suivait, en règle générale, la tendance des taux d'intérêt pratiqués à Londres et à New-York. Vers la fin de ce régime, le premier ministre Bennett mentionna que la pratique était d'octroyer des lignes de crédit aux banques à charte et qu'on avait établi des plafonds pour les avances. Rien ne prouve toutefois que cette mesure ait été appliquée de façon restrictive, bien que, à une occasion au moins, le gouvernement ait menacé d'augmenter le taux d'intérêt des avances dans le seul but, semble-t-il, de dissuader les banques d'accroître leurs prêts à vue sur la place de New-York. Dans la mesure où nous pouvons en juger aujourd'hui, la *Loi des finances* de 1914 a joué, en fait, durant plusieurs années, un rôle comparable à celui d'une banque centrale très libérale, qui aurait eu des pouvoirs discrétionnaires très étendus. La maigre documentation qui nous reste à ce sujet laisse supposer que le niveau des avances n'a guère été déterminé à partir des critères économiques généraux et que, durant la plus grande partie de la période d'application de la *Loi des finances* de 1914, on ne s'est pas réellement rendu compte de toutes les incidences des opérations effectuées en vertu de cette loi.

LES PROJETS DE CRÉATION D'UNE BANQUE CENTRALE

Les premiers projets de création d'une banque centrale remontent au début du siècle. Dès 1841, toutefois, Lord Sydenham avait recommandé l'établissement d'une banque d'émission, La Banque de la Province du Canada. Ce projet, fort intéressant sur le plan historique, ne prévoyait évidemment pas la création d'une banque centrale au sens moderne du terme, mais il est permis de penser que si l'institution avait alors été créée, elle aurait pu se transformer à la longue en une véritable banque centrale. À la différence des autres gouverneurs, Lord Sydenham avait acquis une grande expérience de la finance à Londres et il avait très probablement envisagé la possibilité que l'institution dont il recommandait la création assume d'autres fonctions par la suite.

Il semble que le premier projet explicite de création d'une banque centrale au Canada ait été formulé le 21 janvier 1913 à la Chambre des communes par M. W.F. MacLean, député de York-Sud. Celui-ci avait recommandé l'établissement d'une «grande banque nationale ou banque d'État, à peu près dans le genre de la Banque impériale d'Allemagne». Il n'en a pas précisé les fonctions, mais, dans son esprit, elle devrait être créée par la fusion de «deux ou trois des plus fortes banques» existant alors au Canada et aurait été une entreprise privée soumise au contrôle du gouvernement — en quelque sorte, une banque des provinces et des grandes sociétés. Détail intéressant, M. MacLean proposa d'appeler cet établissement «Banque du Canada». Sa suggestion ne fut pas réellement débattue; bien qu'un ou deux députés eussent manifesté leur approbation, le premier ministre Borden déclara qu'il ne voyait pas la nécessité immédiate d'une telle banque.

En 1914, deux banquiers influents recommandèrent, indépendamment l'un de l'autre, la création d'une banque centrale, l'un deux allant jusqu'à proposer la formation d'une commission d'experts chargée d'étudier la question. Si l'on tient compte de l'époque à laquelle ces projets ont été présentés, on peut croire qu'ils ont été inspirés autant par la création du Système fédéral de réserve aux États-Unis que par les besoins spécifiques de l'économie canadienne.

Un autre projet d'établissement d'une banque centrale canadienne, sous une forme plus élaborée cette fois, fit son apparition au cours des années 1917 et 1918. Issu en partie des problèmes financiers de la période de guerre, ce projet était le fruit des réflexions de M. E. L. Pease, vice-président et administrateur-délégué de la Banque Royale du Canada. L'institution qu'il proposait devait appartenir conjointement au gouvernement canadien et aux banques. Elle aurait été soumise au contrôle de l'État et aurait pris à son passif les billets du Dominion alors en circulation et assumé les fonctions prévues par la *Loi des finances* de 1914. Les administrateurs auraient été nommés par le gouvernement sur la recommandation de l'A.B.C. C'était la première proposition pratique qui tenait nettement compte des caractéristiques du système financier canadien. Il semble que le ministre des Finances de l'époque, Sir Thomas White, ait quelque peu encouragé M. Pease à élaborer son projet, sans l'avoir pour autant assuré de son appui. Le projet se heurta à une assez vive opposition lorsqu'il fut présenté à une réunion de l'A.B.C. et fut abandonné sans avoir été débattu publiquement.

La question revint sur le tapis à l'occasion de la révision de la *Loi sur les banques* en 1923. La Commission des banques et du commerce de la Chambre des communes réclama à cette occasion des pouvoirs plus étendus, afin de pouvoir étudier ce que pourraient être les fonctions, l'organisation et le fonctionnement d'une banque centrale ou d'une banque de réserve bien administrée. Ce projet reçut surtout l'appui des membres du Parti progressiste des provinces de l'Ouest, mais également celui de quelques députés représentant d'autres partis ou d'autres régions. Dans l'Ouest, le mécontentement consécutif à la déflation de l'après-guerre semble voir été le principal motif de ce projet. Celui-ci comportait l'établissement d'un Système fédéral de réserve assez mal défini, plutôt que la création d'une institution répondant expressément aux besoins du pays. Avec le recul, on peut dire que cette approche a contribué à retarder plutôt qu'à favoriser la création de la banque centrale. Il semble que les partisans du projet n'aient eu qu'une connaissance très imparfaite du Système fédéral de réserve des États-Unis et des facteurs complexes qui avaient conduit à sa création. Les adversaires du projet — principalement les banques à charte — eurent donc beau jeu de prouver que la situation était différente au Canada, du fait que la plupart des banques avaient un réseau de succursales.

À la fin des années 20, des arguments plus solides et mieux structurés furent formulés dans divers milieux en faveur de la création d'une banque centrale. À l'Université Queen's, des membres de la Faculté des sciences économiques — en particulier le professeur C.A. Curtis — préconisèrent l'établissement d'une banque centrale. Présentés d'abord sur un plan plutôt théorique, leurs arguments trouvèrent une justification d'ordre pratique lorsque l'encours des avances consenties aux banques à charte en vertu de la *Loi des finances* de 1914 s'accrut rapidement du seul fait que les banques placèrent à New-York de gros montants en prêts à vue sur titres lors de la forte hausse boursière de 1928–1929. Ces économistes soutenaient que, malgré les affirmations contraires du gouvernement, de telles opérations avaient en fait conduit à l'abandon de l'étalon-or par le Canada, ce qui prouvait sans conteste, à leur avis, la nécessité de mettre sur pied un organisme monétaire officiel. Dans les années 20, plusieurs membres de la direction de la Banque Royale du Canada se déclarèrent également en faveur de la création d'une banque centrale.

Toutefois, rien ne permet de penser que les gouvernements canadiens de l'époque se soient particulièrement intéressés à la question. Le premier ministre King n'était pas très familier avec les questions financières et ses ministres des Finances, fortement conservateurs, n'étaient guère portés à favoriser une innovation aussi importante que la création d'une banque centrale. En fait, il est presque certain que le gouvernement a combattu le projet. Le gouverneur de la Banque d'Angleterre, M. Montagu Norman, tenait vivement à promouvoir la stabilité internationale, en partie par la création de tout un réseau de banques centrales et il s'est intéressé tout particulièrement à la fondation de banques centrales dans les pays du Commonwealth. Il est peu probable que le Canada, le plus avancé de ces pays au point de vue financier, n'ait pas retenu son attention. Il semble en outre que M. Norman ait été encouragé dans ce domaine par Sir Edward Peacock, éminent financier canadien installé à Londres et devenu administrateur de la Banque d'Angleterre. On peut supposer que le premier ministre King a été pressenti officieusement à ce sujet, mais qu'il s'est montré plutôt réticent devant les recommandations de Londres.

La crise économique des années 30 ne semble pas avoir joué directement en faveur de la création d'une banque centrale au Canada, mais elle contribua au changement de gouvernement et à une remise en cause sans précédent du système financier par la public. Le fonctionnement du système bancaire fit l'objet de multiples critiques, qui n'allèrent cependant pas, dans la plupart des cas, jusqu'à des projets de réforme des structures existantes. Ni le public ni les milieux gouvernementaux n'étaient très conscients du rôle que pouvait jouer une banque centrale, de sorte que les pressions en faveur de la création d'une telle institution furent plutôt faibles.

En fait, il semble bien que la fondation de la Banque du Canada en 1934 ait été décidée en grande partie sur l'initiative d'un seul homme, le premier ministre de l'époque, M. Bennett. Au début de 1934, celui-ci fut interrogé à la Chambre des communes au sujet d'un discours qu'il avait prononcé le 7 décembre 1933 à London (Ontario). Il aurait alors déclaré, à propos de l'abandon de l'étalon-or en 1931 par la Royaume-Uni : «À ma surprise, j'appris alors que le Canada n'avait aucun moyen direct d'échange international avec Londres, que New-York était le seul intermédiaire et que Wall Street déterminerait la valeur du dollar canadien. Dès lors, je pris la résolution de doter le pays d'une banque centrale parce qu'il faut une institution financière en état de traiter d'autorité au nom du Canada avec les autres pays du monde. Pour devenir indépendant, le Canada doit avoir un organisme compétent pour déterminer les soldes et régler des comptes internationaux et ce sera le rôle de la banque centrale.» Cette conception assez étroite du rôle d'une banque centrale n'est pas tellement surprenante eu égard à la situation de l'époque; il convient de noter d'ailleurs qu'au cours des discussions qui suivirent, il fut surtout question de la vocation internationale des banques centrales. Il est possible, au reste, que M. Bennett ait été encouragé dans cette voie par des personnalités influentes du Royaume-Uni.

C'est en février 1932 que M. Bennett avait fait pour la première fois publiquement allusion à la création d'une banque centrale; il avait alors affirmé que le sujet valait la peine d'être discuté. Il s'était alors empressé d'ajouter qu'il ne prenait aucun engagement personnel à ce sujet, mais qu'il y avait certainement des arguments dans les deux sens. En mars 1933, le ministre des Finances annonça que le gouvernement avait l'intention de «nommer une Commission royale pour étudier l'organisation et le fonctionnement de tout notre système bancaire et monétaire, peser les arguments pour ou contre l'établissement d'une institution bancaire centrale et soumettre des propositions relatives à la révision ou l'amélioration de nos lois actuelles concernant les banques et la monnaie».

LA COMMISSION MACMILLAN

Le rythme des événements s'accéléra dès l'annonce du projet de nomination d'une Commission royale d'enquête. Au cours d'un voyage qu'il effectua en Angleterre à la fin du printemps de 1933, M. Bennett demanda à Lord Macmillan, juriste éminent qui venait de diriger la Commission britannique d'enquête sur la finance et l'industrie, de présider la future Commission royale d'enquête sur la banque et la monnaie au Canada. Lord Macmillan accepta cette tâche et proposa la désignation comme membre de la Commission de Sir Charles Addis, qui avait précédemment fait partie du Conseil d'administration de la Banque d'Angleterre et avait déjà participé à plusieurs enquêtes financières. Firent également partie de la Commission : Sir Thomas White et M. Beaudry Leman, deux banquiers canadiens bien connus, ainsi que le premier ministre de l'Alberta, M. Brownlee. Ce dernier avait été nommé, semble-t-il, en considération du mécontentement qui régnait à l'époque dans les provinces de l'Ouest au sujet de la situation économique. Le choix de Sir Thomas White semblait particulièrement heureux, compte tenu du fait qu'il avait été ministre des Finances et qu'il était l'auteur de la *Loi des finances* de 1914.

Les deux membres britanniques arrivèrent au Canada le 4 août 1933 et rencontrèrent leurs collègues canadiens quatre jours plus tard. Dès le 11 septembre, la Commission avait terminé ses audiences, et Lord Macmillan annonçait, à la grande surprise de ses collègues, qu'il avait l'intention d'achever le rapport de la Commission avant de retourner en Angleterre quelques semaines plus tard.

Désireuse de faciliter la tâche de ceux qui souhaitaient faire connaître leurs points de vue, la Commission avait tenu des audiences dans les différentes régions du pays; il semble d'ailleurs qu'une partie de ses fonctions ait été de contribuer à l'information du grand public. On critiqua, toutefois, la rapidité avec laquelle la Commission avait effectué ses travaux, et plusieurs intéressés se plaignirent de ne pas avoir eu assez de temps pour préparer leurs mémoires. Quant au rapport même, il se caractérise par sa brièveté, du moins d'après nos critères actuels. Il aurait d'ailleurs été encore plus succinct si l'on avait accepté la suggestion émise par Lord Macmillan de ne pas y inclure les notes historiques qu'avaient rédigées les professeurs C.A. Curtiss et F.A. Knox. Lorsqu'on relit ce rapport aujourd'hui, on a nettement l'impression que l'enquête a été plutôt superficielle. De toute évidence, on ne s'y est pas trop soucié de concilier des points de vue très différents, d'analyser à fond les questions essentielles ou de bien expliciter les conclusions auxquelles on était arrivé. Le rapport recommande très fortement la création d'une banque centrale, mais en se référant surtout à des principes d'ordre général, plutôt qu'au contexte spécifiquement canadien. D'autre part, compte tenu de l'état des connaissances et des données dont on disposait dans ce domaine, en 1934, il n'est guère probable qu'une enquête plus poussée aurait abouti à des conclusions sensiblement différentes.

La composition de la Commission laissait prévoir qu'elle se prononcerait en faveur de l'établissement d'une banque centrale. Les deux banquiers canadiens y étaient opposés — comme l'était d'ailleurs presque toute la profession à l'époque, à l'exception d'un groupe au sein de la Banque Royale du Canada. Mais les deux membres britanniques de la Commission vivaient dans un milieu où la banque centrale faisait partie intégrante du système financier, et, comme d'autres pays du Commonwealth étaient déjà dotés d'une banque centrale ou étaient sur le point de l'être, l'absence d'un institut d'émission au Canada leur paraissait difficile à justifier. Quant au premier ministre Brownlee, il se déclara favorable en principe à la création d'une banque centrale, même si, de son propre aveu, il n'était nullement expert en la matière.

La formulation des recommandations semble avoir été laissée en grande partie aux membres britanniques de la Commission, qui bénéficièrent, à cet égard, des services de M. Raymond Kershaw, conseiller à la Banque d'Angleterre détaché auprès de Lord Macmillan à titre d'adjoint personnel. En raison même de ses fonctions à la Banque d'Angleterre, M. Kershaw s'était intéressé tout particulièrement aux pays du Commonwealth et avait participé à la fondation des banques centrales de quelques-uns de ces pays.

Du fait de son expérience, M. Kershaw se vit confier la rédaction du chapitre consacré aux fonctions de la Banque, soit le chapitre V intitulé «Le régime financier actuel au Canada et l'établissement d'une banque centrale». Son texte fut accepté presque intégralement, sauf qu'on y ajouta quatre alinéas rédigés par Lord Macmillan à titre d'introduction. La seule modification digne d'être relevée fut apportée à l'alinéa 219. M. Kershaw se souvient que certaines retouches de caractère rédactionnel y furent faites par Lord Macmillan, fortement opposé à l'entreprise d'État. Ces retouches avaient singulièrement renforcé la portée de cet alinéa et lui avaient donné une orientation nettement favorable à l'entreprise privée.

C'est également M. Kershaw qui rédigea l'Annexe A, intitulée «Suggestions quant à certains des principaux aspects de la constitution d'une banque centrale pour le Canada». Il ne s'agissait en réalité que d'un modèle sommaire, mais qui, en fait, constitua par la suite le cadre de la *Loi sur la Banque du Canada*. Ce modèle s'inspirait essentiellement des lois qui avaient créé les banques centrales des autres pays du Commonwealth, sauf qu'il tenait compte de certaines particularités du contexte canadien.

Sir Thomas White et M. Beaudry Leman s'opposèrent fortement à la fondation d'une banque centrale, et certaines de leurs observations ne manquent pas d'intérêt. Sir Thomas, dont l'opposition s'explique probablement par son expérience comme ministre des Finances et par sa longue carrière de banquier, laissa entrevoir, dans la note qu'il annexa au rapport de la Commission, qu'il serait susceptible de changer d'avis plus tard, lorsque l'économie canadienne aurait atteint un stade plus avancé. Il tint néanmoins à préciser que si une banque centrale était créée, elle devrait être soumise au contrôle de l'État. M. Leman n'était apparemment pas convaincu que la nouvelle banque centrale devrait être l'agent financier à la fois du gouvernement fédéral et des provinces. D'après lui, cela donnerait lieu à des problèmes constitutionnels. Ces divers points de vue ont fini par s'imposer et ont été adoptés lors de révisions ultérieures de la *Loi sur la Banque du Canada*.

Bien qu'il faille attribuer aux membres britanniques de la Commission, assistés de M. Kershaw, la plus grande partie des recommandations incorporées dans le rapport, d'autres personnes ont également contribué à son élaboration. MM. B.J. Roberts et A.F.W. Plumptre furent respectivement secrétaire et secrétaire adjoint de la Commission. M. W.C. Clark fut un des membres les plus influents du groupe à qui nous devons la fondation de la Banque du Canada. Né et élevé au Canada, il fit d'abord carrière dans les affaires et la finance aux États-Unis. Il était rentré au Canada en 1931 pour enseigner les sciences économiques à l'Université Queen's. Comme nous l'avons déjà mentionné, les professeurs d'économique de cette université étaient fortement en faveur de la création d'une banque centrale, et M. Clark était sans aucun doute bien au courant des divers aspects de la question. En novembre 1932, il quitta l'Université Queen's pour devenir sous-ministre des Finances. Il nous a été impossible d'établir l'authenticité d'une rumeur selon laquelle il aurait accepté ce poste à condition qu'on lui promette d'établir une banque centrale, mais il est notoire qu'il appuya vigoureusement ce projet dès le début. M. Clark fut appelé devant la Commission, mais il se contenta d'y donner des explications sur le système financier tel qu'il était alors, sans tenter de promouvoir l'établissement d'une banque centrale. Il est à peu près certain, cependant, qu'il eut de nombreux contacts avec les membres et les collaborateurs de la Commission et qu'il faut lui attribuer certains aspects du projet de constitution de la banque centrale, en particulier ceux qui étaient liés au contexte canadien.

La Commission Macmillan termina ses travaux en moins de deux mois et remit son rapport au gouvernement le 27 septembre 1933. Le 20 novembre suivant, soit une semaine environ après que le Rapport eut été rendu public, le premier ministre annonça son intention d'y donner suite et de créer une banque centrale au Canada.

CHAPITRE II

La création de la Banque du Canada et son cadre juridique

La Commission royale d'enquête sur la banque et la monnaie au Canada remit son Rapport au gouvernement le 27 septembre 1933. Elle recommandait la fondation d'une banque centrale, et, moins d'un an et demi plus tard, la Banque du Canada était en mesure de commencer ses opérations. Avant d'en arriver là, toutefois, il avait fallu franchir un certain nombre d'étapes, qui se révélèrent parfois difficiles et complexes : d'abord, analyser les recommandations de la Commission Macmillan en vue d'élaborer un texte de loi qui doterait la banque centrale de tous les pouvoirs dont elle aurait besoin pour exercer efficacement son rôle dans le contexte canadien; puis, une fois le projet de loi rédigé, le soumettre au Parlement, où il ferait l'objet de longs débats avant d'être adopté. Il y avait également nombre de problèmes pratiques à résoudre, du fait que diverses fonctions exercées jusque-là par le ministère des Finances devaient être confiées dorénavant à la banque centrale. Il fallait, en outre, émettre les actions, nommer les administrateurs, recruter les cadres et le personnel, trouver les locaux, etc.

Le Rapport Macmillan ne fut rendu public qu'à la mi-novembre 1933, et, dès le 20 novembre, le premier ministre Bennett annonçait, dans un discours sur des questions économiques radiodiffusé dans tout le pays, qu'un projet de loi portant création d'une banque centrale serait présenté à brève échéance. Le projet fut déposé à la Chambre le 22 février 1934 et reçut la sanction royale le 3 juillet. On espérait que la Banque du Canada commencerait ses opérations au début de l'année suivante, mais cela se révéla impossible; la Banque ouvrit ses portes le 11 mars 1935.

---

[*]Publié au préalable dans la *Revue de la Banque du Canada*, livraison d'août 1972, p. 13–26.

LE CADRE JURIDIQUE

Les rédacteurs du projet de loi portant création de la Banque du Canada s'inspirèrent largement du Rapport de la Commission Macmillan, en particulier de l'Annexe, qui contenait de nombreuses suggestions quant aux principaux aspects de la constitution du futur institut d'émission canadien. On songea à s'assurer les services d'un fonctionnaire de la Banque d'Angleterre pour aider à l'élaboration du projet de loi, mais on ne donna pas suite à cette suggestion. Il y eut toutefois un échange de correspondance avec la Banque d'Angleterre concernant divers sujets techniques. Le projet de loi fut élaboré sous la direction de M. W.C. Clark, sous-ministre des Finances, qui, en fait, rédigea personnellement une bonne partie du texte. De son côté, le premier ministre Bennett semble s'être préoccpé tout particulièrement de faire avancer le projet de loi à la Chambre et y a sans doute consacré plus de temps que ce à quoi on aurait pu s'attendre de la part d'un premier ministre.

Il suffit de comparer le projet de loi et l'Annexe du Rapport Macmillan pour se rendre compte qu'on a suivi de près le modèle suggéré par la Commission. Ainsi, on a adopté la recommandation de faire de la banque centrale une entreprise dont le capital serait détenu par le public et dont les administrateurs seraient nommés par les actionnaires, de même que la suggestion de confier au nouvel institut les fonctions d'agent financier non seulement du gouvernement fédéral mais encore des gouvernements provinciaux[1]. On accepta également les recommandations du Rapport prévoyant une couverture-or de 25% pour les billets de la Banque du Canada et un regroupement des réserves d'or.

L'obligation faite aux banques à charte de maintenir une réserve-encaisse égale à au moins 5%, sur une base journalière, de leur passif-dépôts en dollars canadiens était également conforme aux recommandations de la Commission Macmillan. Bien que celle-ci eût surtout tenu compte, en fixant ce coefficient, des exigences du

---

[1]La Banque du Canada devint propriété de l'État à 51% en 1936 et à 100% en 1938. La disposition de la *Loi sur la Banque du Canada* qui lui permettait de faire office d'agent financer des provinces n'a jamais été mise en application et a été abrogée en 1967, conformément à la recommandation de la Commission royale d'enquête sur le système bancaire et financier (1964).

système financier canadien, ce chiffre correspondait, selon M. Raymond Kershaw[2], à la norme recommandée à l'époque pour la législation bancaire des pays du Commonwealth. Divers facteurs justifiaient l'adoption par les autorités de ce coefficient de 5% : il semblait souhaitable de s'en tenir, durant la période de rodage du nouveau système, à un coefficient relativement faible par rapport à l'encaisse moyenne que les banques à charte avaient l'habitude de maintenir, la création de la banque centrale survenant à une époque où l'économie canadienne se ressentait encore des effets de la dépression et où le gouvernement s'était déjà engagé dans une politique d'assouplissment des conditions monétaires. Les banques à charte avaient traditionnellement maintenu leurs réserves-encaisse à un niveau nettement supérieur à 5%, mais il reste qu'à diverses reprises, vers la fin des années 20 et au début des années 30, une telle exigence aurait constitué une contrainte réelle pour certaines banques. À diverses occasions, les réserves-encaisse étaient descendues tout près du niveau de 5% — et même plus bas — bien que, le dernier jour du mois ou en fin d'exercice, les banques eussent tendance à obtenir des avances temporaires en vertu de la *Loi des finances*, afin de présenter leur bilan sous un jour plus favorable en affichant une encaisse supérieure à la moyenne journalière. En tout état de cause, l'obligation légale de détenir une réserve-encaisse minimale de 5% resta en vigueur jusqu'à la révision de 1954 de la *Loi sur les banques*, et, comme ce minimum s'appliquait à l'encaisse de chaque jour, les banques étaient portées à conserver un excédent appréciable pour ne pas s'exposer à enfreindre la loi; en pratique, ces réserves se sont maintenues en moyenne aux alentours de 10% tout au long de cette période.

Conformément aux recommandations de la Commission Macmillan, le projet de loi prévoyait également que la banque centrale pouvait faire office d'agent financier du gouvernement en

[2]M. Kershaw, conseiller à la Banque d'Angleterre, qui s'était intéressé tout particulièrement aux fonctions des banques centrales dans les pays du Commonwealth, avait été détaché par la Banque d'Angleterre auprès de Lord Macmillan à titre d'adjoint personnel durant la période d'élaboration du Rapport. Il se vit confier la rédaction du chapitre consacré aux fonctions de la Banque (le chapitre 5) ainsi que du premier texte de l'Annexe, intitulée «Suggestions quant à certains des principaux aspects de la constitution d'une banque centrale au Canada».

matière de gestion de la dette publique et assumer ainsi une fonction exercée jusque-là par le ministère des Finances. Il semble que ce ministère non seulement donna son accord, mais encore appuya très fortement cette recommandation. Le gouvernement indiqua à ce sujet qu'il estimait avantageux, sur le plan administratif, de se départir de cette fonction spécialisée, car cela permettrait au ministère des Finances de fonctionner avec des effectifs réduits et de s'occuper essentiellement de la formulation des politiques. Il serait évidemment aidé dans ce rôle par la Banque du Canada, qui agirait à titre de conseillère, mais, en ce qui concerne la gestion de la dette publique, la Banque, organisme spécialisé, se chargerait des opérations techniques et en absorberait les frais à l'aide de ses bénéfices.

Sur un point fondamental, toutefois, la *Loi sur la Banque du Canada* s'écarte manifestement du Rapport Macmillan. Deux citations illustreront ce que nous voulons dire par là. Le paragraphe 206 du Rapport décrit dans les termes suivants les fonctions générales de la banque centrale :

> D'abord, au point de vue national, la banque centrale devrait, dans les limites qui lui sont imposées par la loi et par ses pouvoirs, s'efforcer de réglementer le crédit et la monnaie en sauvegardant le mieux possible les intérêts de la vie économique de la nation, et contrôler et défendre, dans la mesure du possible, la valeur extérieure de l'unité monétaire nationale. En second lieu, sur le plan international, la banque centrale devrait, par une coopération sage et opportune avec les institutions similaires des autres pays, chercher à mitiger par son influence les fluctuations du niveau général de l'activité économique, dans la mesure où cela relève du domaine de la politique monétaire. Ce ne sont pas là d'ailleurs les seules fonctions d'une banque centrale. Au sein de l'État, la banque centrale devrait, en plus, être une source d'avis autorisés et impartiaux sur les questions financières, toujours prête à servir le gouvernement du jour. En retour des privilèges que l'État lui confère, la banque devrait mettre son expérience au service de la communauté, sans que le désir ou le besoin de réaliser des profits soit une considération primordiale.

Le préambule de la *Loi sur la Banque du Canada*, aujourd'hui bien connu, se lit comme suit :

> Considérant qu'il est opportun d'établir une banque centrale au Canada pour réglementer le crédit et la monnaie dans le meilleur intérêt de la vie économique de la nation, pour contrôler et protéger

> la valeur extérieure de l'unité monétaire nationale et pour mitiger, par son influence, les fluctuations du niveau général de la production, du commerce, des prix et de l'emploi de la main-d'œuvre, autant que possible dans le cadre de l'action monétaire, et généralement pour favoriser la prospérité économique et financière du Dominion . . .

Bien que ce dernier texte contienne bon nombre d'expressions inspirées du Rapport Macmillan et qu'il reconnaisse explicitement les fonctions et les obligations internationales d'une banque centrale, il en souligne davantage les responsabilités sur le plan intérieur. On sait que l'importance plus grande accordée à ces dernières reflétait les vues de M. Clark, et elle constitue probablement la plus importante contribution à la formulation des dispositions législatives qui régissent la Banque du Canada.

LES DÉBATS PARLEMENTAIRES SUR LE PROJET DE LOI

Il ressort des débats parlementaires consacrés au projet de loi sur la Banque du Canada que le principe même de l'établissement d'une banque centrale était largement accepté. Certes, sur certains points, la discussion fut parfois assez vive, mais la plupart des dispositions du projet de loi ne suscitèrent guère d'opposition; de façon générale, le texte put franchir les différentes étapes du processus parlementaire avec un minimum de pressions de la part du gouvernement.

Si l'on veut juger de la qualité des débats, il convient de tenir compte du fait que la plupart des parlementaires, à l'époque, n'étaient guère en mesure de se représenter de façon concrète ce que serait la nouvelle institution. Rares étaient ceux qui avaient une expérience directe de la finance et de la profession bancaire. Il leur était bien difficile de concevoir, à partir du seul texte du projet de loi, la façon dont fonctionnerait la nouvelle institution ou le rôle qu'elle serait appelée à jouer dans le système financier canadien. De fait, à maints égards, la Loi se bornait à établir un cadre général qu'il faudrait ensuite compléter et peut-être modifier à la lueur de l'expérience. Elle a été rédigée en termes plutôt généraux, et il est difficile de déterminer dans quelle mesure cela reflète un manque de connaissances précises du sujet, plutôt qu'une intention délibérée de ne pas restreindre la liberté de manœuvre de la Banque en incorporant au texte des règles difficiles à justifier. En fait, il est probable que les deux facteurs aient joué.

Pour placer ce débat dans sa vraie perspective, il convient de noter que, non seulement au Canada mais également dans les autres pays déjà dotés d'un institut d'émission, les experts en la matière, et à plus forte raison le grand public, avaient alors une conception beaucoup plus limitée du rôle d'une banque centrale que celle qui allait prévaloir une génération ou deux plus tard. La mission des banques centrales se résumait essentiellement, à cette époque, à remplir un certain nombre de fonctions techniques clairement définies, comme l'émission des billets de banque et les opérations sur or et sur devises. On considérait certes que les banques centrales pouvaient fournir au gouvernement des avis utiles sur les questions financières en général, mais on accordait beaucoup moins d'importance qu'aujourd'hui à leur capacité d'influer sur l'activité économique par le biais de la politique monétaire. Bien que les concepts de Keynes fussent déjà plus ou moins connus et que les tenants de l'orthodoxie eussent été durement ébranlés par la Dépression, le libéralisme économique était encore la doctrine en faveur dans la plupart des pays. Aussi le public et les parlementaires purent-ils envisager alors la création d'une banque centrale avec plus de sérénité et de détachement qu'on n'aurait pu le faire une génération plus tard.

Comme on n'était pas très fixé à l'époque sur les attributions ni sur les fonctions éventuelles d'une banque centrale, les opinions étaient très partagées au sujet du rôle qu'on pouvait envisager pour elle; certaines étaient même bien erronées. C'est pourquoi le gouvernement eut à faire face à un double problème : d'une part, justifier l'établissement de la Banque du Canada; d'autre part, mettre en garde contre la tentation de trop attendre de la nouvelle institution. Les discussions au Parlement sur le rôle de la Banque en matière de politique monétaire eurent tendance à établir un parallèle entre cet aspect des fonctions de la Banque et les résultats qu'avait donnés l'application de la *Loi des finances* de 1914[3].

[3] *La Loi des finances* de 1914 prévoyait essentiellement que — moyennant le nantissement de certains titres ou effets — les banques à charte pourraient obtenir du ministre des Finances une avance sous forme de monnaie fiduciaire. Les banques à charte étaient donc en mesure d'accroître au besoin leur encaisse. Cette loi avait été conçue comme mesure de précaution destinée à ne servir qu'en cas d'urgence, mais elle resta en vigueur pendant près de vingt ans.

L'absence de plafonds bien précis dans le cas des opérations effectuées en vertu de la *Loi des finances* de 1914 s'est révélée peu satisfaisante, non seulement au cours de la période d'expansion qui caractérisa la fin des années 20, comme nous l'avons indiqué au chapitre I[4], mais également au début des années 30, lorsque la Dépression entraîna un effondrement de l'activité économique. On enregistra alors une baisse prononcée des avances consenties sous le régime de cette loi — baisse qui se traduisit par une répartition très inégale des encaisses entre les banques à charte et accentua les tensions déflationnistes. Ce problème fut résolu par une mesure *ad hoc* adoptée en 1932 : les banques à charte s'engagèrent à obtenir des avances en vertu de la *Loi des finances* et à ne pas les rembourser avant que le gouvernement n'y consentît. Nul doute que cette situation contribua à convaincre le premier ministre et le gouvernement de la nécessité de fonder une banque centrale. Comparant, un jour, le rôle de la nouvelle institution avec les opérations effectuées aux termes de la *Loi des finances*, M. Bennett exprima les vues du gouvernement en ces termes non équivoques : «Il n'y a guère plus de rapport entre les opérations réalisées en vertu de la *Loi des finances* et celles de la banque centrale qu'il y en a entre un amas de plaques d'acier dans un chantier naval et un navire tout construit.»

La *Loi sur la Banque du Canada* prévoyait des opérations d'open-market, mais on s'accorda généralement à reconnaître, au cours des débats, que le marché financier canadien ne pourrait atteindre avant de nombreuses années le développement qui permettrait à la banque centrale d'exercer efficacement cette fonction, de sorte qu'elle devrait, dans une large mesure, faire appel à d'autres méthodes pour modifier les conditions du crédit. Bien qu'en fait les bons du Trésor aient constitué un instrument utile pour les opérations assez limitées d'open-market réalisées par la Banque au cours de ses premières années d'existence[5], rien dans la documentation disponible ne semble indiquer que la vente par

[4]«L'institut d'émission au Canada : origine et contexte historiques», chapitre I.

[5]Voir «Les bons du Trésor du gouvernement», *Revue de la Banque du Canada*, mai 1972, p. 3–13.

adjudication de bons de Trésor, inaugurée en mars 1934, ait été liée directement au projet de création d'un institut d'émission.

Les débats fournissent incidemment un aperçu intéressant de l'état d'esprit qui régnait à l'époque : on n'y observe que peu d'opposition à l'idée de créer une banque centrale, mais on note par contre un réel sentiment d'appréhension et de suspicion devant le risque que la Banque ne tombe sous l'influence pernicieuse de certains groupes mal définis de «financiers internationaux». À cet égard, on mentionna nommément la Banque d'Angleterre et la Banque des Règlements Internationaux (B.R.I.), qui furent apparemment prises comme symboles. Cette méfiance avait surtout pris naissance dans les provinces de l'Ouest, où l'on attribuait en grande partie aux machinations financières internationales la sévérité de la Dépression — en particulier, la situation désastreuse des agriculteurs — et elle reflétait l'influence des théories «populistes» alors en vogue dans les régions avoisinantes des États-Unis. La Banque du Canada est devenue actionnaire de la B.R.I. en 1970, ce qui prouve que les choses ont bien changé depuis 1934.

On accorda une très grande importance dans les débats au fait que la Banque n'appartiendrait pas à l'État. En dépit de précédents notoires — ainsi avant la Deuxième Guerre mondiale, la Banque d'Angleterre tout comme la Banque de France étaient des entreprises privées —, c'est surtout sur cet aspect du projet de loi que les deux grands partis politiques tentèrent de différencier leurs positions. L'Opposition ne voulait pas d'une entreprise privée, bien qu'à un moment donné, M. King eût admis que cette formule pouvait présenter certains avantages. À une autre occasion, le premier ministre Bennett indiqua qu'il avait tout d'abord songé à faire de la banque centrale une société dont l'État détiendrait les actions; s'il avait changé d'avis, c'est qu'il était maintenant convaincu que la nouvelle institution serait dans ce cas trop exposée aux pressions politiques.

Comme la question de la propriété des actions et du contrôle de la Banque occupa une place particulièrement importante dans les débats, il convient de s'y arrêter quelque peu, en dépit du fait que la situation a évolué depuis et qu'à la suite d'un changement de gouvernement, la Banque a été, peu de temps après, transformée en entreprise publique. Presque tous les parlementaires se sont accordés à reconnaître que la Banque devait être à l'abri des pressions politiques et qu'il fallait assurer la continuité de sa direction. Ils admettaient également que la Banque devait pouvoir travailler en collaboration et en harmonie avec le gouvernement. Le problème qui se posait — et qui ne fut d'ailleurs pas résolu — était de prévoir comment cet objectif pourrait être atteint. Il ne s'agissait pas tant de régler un problème de droit que de savoir s'il convenait de retirer au gouvernement des pouvoirs essentiels pour les remettre à un organisme qui pourrait par la suite en faire un usage abusif. L'idée même que le gouvernement pouvait renoncer volontairement à l'exercice de certains pouvoirs particulièrement importants pour les transférer à un organisme privé prêtait naturellement à discussion.

Dans un style imagé qu'il utilisait rarement dans les débats publics, M. King compara la Banque du Canada à un paquebot chargé de passagers et de marchandises (des réserves d'or, entre autres) et qui gagne le large, «libéré de tout contact avec le port qu'il vient de quitter ou avec ceux qui lui ont fourni ses moteurs, ses passagers et sa cargaison . . . La Banque du Canada se lancera pas ses propres moyens dans le monde de la finance, libre de choisir la route qui lui plaira . . . et la Chambre des communes . . . n'aura plus aucun pouvoir ni droit de réglementation sur cette institution.»

Au cours de la discussion du projet de loi, on se rendit assez vite compte que l'étendue des pouvoirs conférés au gouverneur de la Banque constituait le nœud du débat. Pourtant, ni le projet de loi ni le compte rendu des débats n'expliquent la raison d'être de ce transfert de pouvoirs à la banque centrale ni ne délimitent clairement l'autorité suprême en matière de politique monétaire. La Loi ne définissait ni la répartition des attributions entre le gouvernement et la Banque ni les pouvoirs précis du gouverneur; les déclarations faites à la Chambre des communes à ce sujet par les membres du gouvernement, loin d'être explicites, sont même quelquefois contradictoires. Le ministre des Finances de l'époque, M. Rhodes, en réponse à une question très directe par laquelle on lui demandait ce qu'il adviendrait si la banque centrale poursuivait une politique contraire aux vues du gouvernement, répondit que «l'autorité du gouverneur et du conseil d'administration de la Banque primerait certainement». Puis, il fit une distinction entre le gouvernement et le Parlement. La

Banque pourrait l'emporter sur le gouvernement, mais elle serait probablement obligée de céder si le Parlement manifestait un sentiment général de mécontentement. Le processus ne fut plus explicité davantage, mais, sans aucun doute, aussi longtemps que le gouvernement disposerait d'une majorité au Parlement, il pourrait, en dernier ressort, faire prévaloir ses vues, en recourant au besoin à une modification de la *Loi sur la Banque du Canada*. Peu après, en réponse à des questions du même genre, le premier ministre précisa : «D'après moi — et je donne mon avis pour ce qu'il vaut, après avoir relu ce projet de loi — la Banque du Canada ne saurait, en aucune circonstance, avoir le dernier mot lorsqu'il s'agit d'un mécanisme utilisé par le gouvernement pour la mise en œuvre de sa politique . . . On peut concevoir que les vues de la Banque au sujet des opérations d'open-market ne soient pas le mêmes que celles d'un membre du gouvernement, mais je ne vois pas comment on pourrait supposer un seul instant qu'elles puissent réussir à contrecarrer la politique générale du Cabinet.»

Aux termes du projet de loi, le gouverneur de la Banque devait être nommé par le gouverneur en conseil (c'est-à-dire par le conseil des ministres) pour un mandat de sept ans. Le gouvernement accepta d'apporter au projet de loi un amendement proposé par l'Opposition dans le but d'étendre quelque peu les pouvoirs du gouverneur en lui accordant un droit de veto sur les décisions prises par les administrateurs nommés par les actionnaires de la Banque et de réduire les pouvoirs de ces derniers[6]. Le premier ministre déclara qu'il avait songé dès le début à une disposition de ce genre, mais qu'il avait craint par la suite de voir l'Opposition refuser son accord; il n'expliqua pas cependant comment en il était arrivé à cette conclusion. Au cours des débats, le premier ministre déclara : «Aucune décision ne peut être prise à moins que le gouverneur de la Banque ne soit d'accord; d'autre part, le gouverneur est la seule personne dont la nomination doive recevoir l'approbation du gouvernement.» Peu après, au cours du même débat, le premier ministre admit qu'un désaccord entre le gouverneur et le gouvernement était toujours possible, mais déclara : «Je ne peux concevoir que cela se produise, en pratique . . . la

[6]En 1936, une modification à la Loi restreignait la portée de ce droit de veto en donnant au gouverneur en conseil le pouvoir de confirmer ou de lever tout veto.

Banque et le gouvernement étant continuellement en communication . . . »

Cette question des responsabilités en matière de politique monétaire a été soulevée à diverses reprises au cours des années. Lors de sa nomination au poste de gouverneur de la Banque du Canada, en 1961, M. Rasminsky fit la déclaration suivante : «S'il devait se produire entre le gouvernement et la banque centrale un conflit d'opinions grave et persistant en ce qui concerne la politique monétaire et si . . . le conflit ne pouvait être résolu, le gouvernement devrait être en mesure de donner à la Banque des directives formelles quant à la politique monétaire qu'il désire mettre en œuvre . . . Si la politique ainsi communiquée était telle que le gouverneur devrait conclure qu'en toute bonne conscience il ne pouvait s'engager à la suivre, il serait alors de son devoir de démissionner . . . » Depuis la révision de 1967 de la *Loi sur la Banque du Canada*, «le ministre peut, après consultation avec le gouverneur et avec l'approbation de gouverneur en conseil, donner au gouverneur des instructions écrites concernant la politique monétaire, en termes explicites et applicables à une période déterminée . . . » De plus, la disposition de la Loi qui accordait au gouverneur un droit de veto sur les décisions prises par les administrateurs a été abrogée par la même occasion.

LA PHASE DE TRANSITION

Comme condition préalable à l'établissement de la banque centrale, il fallait prévoir le transfert au nouvel organisme de certaines fonctions exercées par le ministère des Finances et apporter d'autres modifications à la législation en vigueur. Avant que la *Loi sur la Banque du Canada* ne reçoive la sanction royale, le gouvernement déposa un projet de loi prévoyant l'abrogation de la *Loi des finances* de 1914 dès le jour où la banque centrale ouvrirait ses portes. Un autre projet de loi modifiant la *Loi sur les billets du Dominion* stipulait que celle-ci deviendrait caduque dès que la Banque du Canada assumerait sa fonction d'émission et portait de 50 à 120 millions de dollars le montant global des billets dont la couverture-or était de 25%. Presque en même temps, le premier ministre, pour relancer l'économie, déposa un projet de loi qui autorisait une dépense de 39 millions de dollars pour des travaux publics, dont le financement serait assuré par un accroissement de l'encours des billets.

La révision décennale de la *Loi sur les banques* avait été reportée de 1933 à 1934; aussi la plupart des modifications apportées tenaient-elles compte de l'ouverture prévue de la Banque du Canada. L'une d'elles imposait aux banques à charte l'obligation de maintenir à l'avenir, sous forme de dépôts à la Banque du Canada ou de billets de la Banque, une réserve-encaisse minimale de 5% de leur passif-dépôts en dollars canadiens. La nouvelle loi prévoyait également l'élimination progressive du privilège d'émission dont avaient bénéficié jusque-là les banques à charte[7].

Une autre opération délicate de cette phase de transition a été le transfert à la Banque du Canada par le gouvernement de ses réserves d'or et d'argent ainsi que de certains titres émis par lui. De même, les banques à charte durent transférer à la banque centrale, dès son entrée en activité, tout l'or qu'elles détenaient en contrepartie d'engagements en dollars canadiens. Bien que le Canada eût abandonné l'étalon-or et que le prix officiel de l'or eût été porté à 35 dollars É.-U. l'once, ces avoirs-or furent transférés à la Banque du Canada sur la base de 20,67 dollars l'once, c'est-à-dire au prix fixé par la *Loi sur la monnaie*. Par contre, la *Loi sur la Banque du Canada* stipulait que la plus-value dégagée par une réévaluation des avoirs-or devrait être versée au gouvernement canadien; toutefois, devait être remise aux banques la plus-value afférente à la partie de ces avoirs que les banques à charte étaient censées détenir en contrepartie d'engagements contractés par elles en monnaies étrangères. Une loi du 5 juillet 1935 créait un Fonds du change et prévoyait la réévaluation des avoirs-or de la banque centrale au prix du marché (en fait, le prix officiel aux États-Unis, 35 dollars l'once, corrigé par le cours du dollar américain, qui n'était pas fixe mais était très voisin de l'unité). Cette réévaluation se solda par une plus-value de 73,5 millions de dollars, dont 10,5 millions furent versés aux banques à charte, le solde de 63 millions étant affecté au Fonds des changes, qui venait d'être créé.

La *Loi sur le fonds du change* visait essentiellement à créer un fonds qui serait, au besoin, à la disposition des autorités «pour

[7]Voir «L'émission des billets de banque», *Revue de la Banque du Canada*, juin 1972, p. 17–32.

aider à contrôler et à protéger la valeur extérieure de l'unité monétaire canadienne». Cette loi prévoyait, toutefois, que l'article permettant la mise on œuvre du Fonds à cette fin n'entrerait en vigueur qu'à une date fixée par proclamation, ce qui ne se produisit que le 15 septembre 1939.

ORGANISATION DE LA BANQUE CENTRALE

Vers la fin des débats parlementaires relatifs à la *Loi sur la Banque du Canada*, on se préoccupa également des problèmes pratiques d'organisation. Pour commencer, il fallait choisir un gouverneur. Le premier ministre avait d'abord déclaré catégoriquement qu'il n'y avait au Canada aucune personne suffisamment qualifiée pour ce poste. Au reste, ceux qu'il avait approchés à ce sujet ne lui avaient guère parus intéressés. Toutefois, devant l'opposition inattendue que cette affirmation souleva des deux côtés de la Chambre, il précisa qu'il n'avait pas voulu exclure la nomination d'un gouverneur canadien et exprima l'opinion qu'il devait être possible à un Canadien de se préparer à ces fonctions. On s'accorda cependant à reconnaître que le sous-gouverneur nommé au début devrait avoir une vaste expérience des opérations d'une banque centrale, ce qui signifiait que ce serait un étranger.

La nomination de M. G.F. Towers au poste du gouverneur de la Banque fut annoncée en septembre 1934. Il semble avoir été le seul auquel le gouvernement ait sérieusement songé et, une fois adopté le principe d'un gouverneur canadien, sa nomination semblait naturelle. Agé de 37 ans, M. Towers était assez jeune pour s'adapter à l'évolution du poste; il avait déjà acquis une grande expérience à la Banque Royale du Canada, tant à l'étranger qu'au pays même; il s'était présenté devant la Commission Macmillan en qualité de représentant des banques à charte et on le savait favorable à la création d'une banque centrale. Sa nomination fut suivie par l'annonce, avant la fin de l'année 1934, de celle de M. J.A.C. Osborne au poste de sous-gouverneur. Ce dernier venait à peine d'être nommé secrétaire de la Banque d'Angleterre, mais fut mis à la disposition de la Banque du Canada pour une période maximale de cinq ans.

Il fallut également organiser l'émission des actions et l'élection des administrateurs[8]. Comme cette opération devait nécessairement prendre beaucoup de temps, la Loi prévoyait la nomination d'un conseil d'administration provisoire, composé de hauts fonctionnaires, qui resterait en fonction jusqu'à l'élection de sept administrateurs par les actionnaires. Ce conseil provisoire tint quatre séances, d'octobre 1934 à janvier 1935, pour régler les questions pressantes d'organisation.

Les actions furent très demandées; aussi, personne n'en obtint plus de quinze. La moyenne aurait été, selon des estimations officieuses, d'un peu plus de huit titres par actionnaire. À cause de cette large répartition des actions, l'élection des administrateurs souleva des problèmes d'ordre pratique. Soixante-neuf candidatures furent présentées, mais les actionnaires, réunis le 23 janvier 1935 pour l'élection des administrateurs, décidèrent d'adopter une liste proposée par la Chambre de Commerce du Canada, qui répondait au exigences de la Loi quant à la diversité des professions. M. Thomas Bradshaw, dirigeant d'une grosse compagnie d'assurance-vie, obtint le plus grand nombre de suffrages et fut élu membre du Comité de direction.

Il était précisé dans la Loi que le siège de la Banque serait situé à Ottawa, probablement à la fois parce qu'il eût été difficile de choisir entre les deux grands centres financiers, Toronto et Montréal, et parce qu'il semblait souhaitable de le placer près du siège du gouvernement. La Loi prévoyait évidemment la création de succursales et d'agences à Montréal, à Toronto ainsi que dans d'autres villes du pays; les bureaux du Receveur général dans chaque province furent transférés à cette fin par la ministère des Finances à la Banque du Canada.

Des bureaux provisoires furent mis à la disposition de M. Towers pendant quelques mois, puis, au début de 1935, on obtint des locaux plus spacieux dans l'immeuble Victoria, à l'angle des rues Wellington et O'Connor, où le siège de la Banque restera

[8]La Loi prévoyait l'émission de 100,000 actions d'une valeur nominale de 50 $ chacune. Seuls pouvaient être actionnaires les sujets britanniques résidant ordinairement au Canada. Une société ne pouvait détenir des actions que si elle était sous le contrôle de sujets britanniques résidant ordinairement au Canada. Aucun actionnaire ne pouvait détenir plus de 50 actions.

jusqu'à l'achèvement de l'immeuble du siège de la Banque, rue Wellington, en 1938.

Vers la fin de 1934, le personnel de la Banque ne comptait que dix personnes, gouverneur et sous-gouverneur compris. Le jour de l'ouverture, le 11 mars 1935, les effectifs de la Banque étaient de 213, dont 120 fonctionnaires transférés du ministère des Finances au Service de la monnaie et aux agences de la Banque. Le Service de la monnaie resta toutefois dans les mêmes bâtiments jusqu'au jour où il put emménager dans des locaux offrant la sécurité voulue, dans le nouvel immeuble de la Banque. Le transfert de la Direction des prêts et intérêts, du ministère des Finances à la Banque, fut reporté à 1938, en raison d'un manque de locaux appropriés. Si l'on exclut le personnel transféré à cette occasion, le nombre et la composition des effectifs de la Banque, qui se chiffraient à 221 fin 1935, ne varièrent que très peu jusqu'au début de la guerre[9].

Bien qu'on puisse rappeler les diverses mesures prises à l'époque en vue de faire de la Banque un organisme efficace, il est difficile de décrire cette période de son histoire d'une façon qui restitue vraiment l'ambiance qui régnait alors. Les archives ne rendent que partiellement compte du soin apporté à l'élaboration de nouvelles méthodes administratives ainsi qu'au contrôle de leur efficacité et de leur opportunité. Comme il est naturel, les méthodes adoptées durant ces premières années de la Banque portent la marque de ceux qui contribuèrent directement à leur mise en place. C'est surtout à M. Donald Gordon, alors secrétaire de la Banque, que revint la tâche d'assurer le bon fonctionnement de la nouvelle institution.

Si l'on excepte les fonctions reprises au ministère des Finances, les opérations de la Banque étaient nouvelles sous tous leurs aspects. Il fallut mettre sur pied une section de comptabilité; une section des valeurs, chargée d'administrer le portefeuille-titres reçu du ministère des Finances et de jouer le rôle de conseil en matière de gestion de la dette publique; un service des changes, pour effectuer les opérations internationales pour le compte de la Banque, du gouvernement canadien et d'autres banques centrales. On créa également une section des études, qui, malgré ses effectifs

---

[9]Les effectifs, fin 1938, y compris tous les fonctionnaires qui avaient été transférés du ministère des Finances, s'élevaient à 359 personnes.

restreints, put rendre des services dont on ne trouvait l'équivalent dans presque aucun des ministères fédéraux de l'époque; comme il s'agissait de la section dont les fonctions étaient le moins strictement définies, elle fut souvent appelée à remplir les tâches les plus variées pour le compte de la Banque et du gouvernement.

Peut-être y a-t-il lieu, avant de terminer ce chapitre, d'évoquer brièvement la situation économique à l'époque où la Banque du Canada commença ses opérations. En 1935, le creux de la Dépression était déjà passé, et une certaine reprise s'était amorcée, mais le rythme de croissance de l'économie au cours des années qui allaient suivre devait se révéler décevant. Bien que cette conjoncture n'ait pas été particulièrement favorable à la mise en marche de la banque centrale, elle lui a au moins valu une période de stabilité relative avant les bouleversements que devait entraîner la Seconde Guerre mondiale. Ces quelques années ont permis à la Banque de mettre au point tout un ensemble de méthodes administratives et de s'intégrer définitivement au monde financier.

Premiers bureaux occupés par la Banque du Canada de 1935 à 1938, Ottawa, immeuble Victoria, intersection des rues Wellington et O'Connor. (Archives de la Banque du Canada)

CHAPITRE III

La Banque du Canada de 1935 à 1939 : les premiers pas

La Banque du Canada ouvrit ses portes le 11 mars 1935. Au cours des premières années, les cadres de la Banque durent nécessairement consacrer une grande partie de leur temps à l'organisation interne et à d'autres questions administratives. Il importait également d'établir sans tarder de bonnes relations non seulement avec les banques à charte, mais encore, de façon générale, avec les milieux financiers, les ministères fédéraux et les autres banques centrales. En outre, un gros effort fut consacré pendant ces premières années à expliquer au public le rôle d'une banque centrale.

LES DÉBUTS

Les travaux d'organisation de la nouvelle institution avaient commencé plusieurs mois avant l'ouverture officielle. À mesure que la Banque engageait des employés, elle leur assignait des tâches d'organisation et également, au niveau des cadres supérieurs, des fonctions de conseil auprès du gouvernement. Ainsi que nous l'avons fait remarquer au chapitre II, le gouvernement exerçait déjà à cette époque certaines fonctions propres à une banque centrale; elles furent transférées à la Banque, qui reçut en outre beaucoup de tâches nouvelles. Il fallut recourir à une planification détaillée — parfois aussi procéder par expérimentation —, créer des départements et des services, recruter du personnel. Il se passa ainsi plusieurs années avant que les opérations courantes de la Banque pussent être considérées comme étant bien rodées.

Ce processus d'organisation ne fut pas interrompu par les mesures prises en vue d'étatiser la Banque peu de temps après sa

---

*Publié au préalable dans la *Revue de la Banque du Canada*, livraison de novembre 1972, p. 7–20.

fondation. Ainsi qu'il a été noté au chapitre II, les parlementaires s'étaient surtout demandé, au cours des débats consacrés en 1934 à la *Loi sur la Banque du Canada*, s'il convenait d'en faire une entreprise privée ou étatique. Dès le début, M. Mackenzie King, chef de l'Opposition, s'était déclaré nettement en faveur de l'entreprise d'État, et cette prise de position allait constituer un point important du programme de son parti lors des élections générales de 1935. À la suite d'un changement de gouvernement, un projet de modification à la *Loi sur la Banque du Canada* fut présenté le 1er juin 1936 en vue de nationaliser l'institution. Ce projet prévoyait l'émission, en 1936, d'actions de catégorie B réservées au gouvernement, ce qui ferait de celui-ci l'actionnaire majoritaire. Pour donner au gouvernement la majorité au Conseil, on y nomma un certain nombre d'administrateurs supplémentaires, et, si les administrateurs en fonction purent achever leur mandat, les actionnaires privés cessèrent de prendre part à l'élection des membres du Conseil. En 1938, en vertu d'une autre modification de la Loi, on procéda au rachat de la part du capital-actions de la Banque détenue par le secteur privé. L'introduction dans la campagne électorale de la controverse entreprise privée – entreprise d'État ne fut pas sans provoquer une certaine inquiétude au sein du nouvel organisme, bien que M. King eût pris soin, longtemps auparavant, d'assurer au gouverneur que seule était en cause la propriété des actions de la Banque. Effectivement, jamais au cours de la campagne électorale la direction de la Banque ne fut réellement critiquée.

Passons maintenant à l'organisation même de la Banque : le ministère des Finances transmit à celle-ci dès le départ ses fonctions en matière monétaire, tandis que les bureaux du Receveur général, répartis dans tout le pays, devenaient des agences de la Banque. Le Service des changes et le Service des valeurs entrèrent presque immédiatement en activité, mais le Service de la dette publique fut transféré du ministère des Finances à la Banque seulement au moment où celle-ci put disposer de locaux appropriés. Ce transfert n'eut lieu qu'en 1938, après l'achèvement de l'immeuble qui abritera le siège de la Banque du Canada, rue Wellington, dont la construction avait coûté environ un million de dollars.

La *Loi sur la Banque du Canada* lui conféra le privilège d'émettre des billets; l'émission de billets du Dominion cesserait, et les billets émis par les banques à charte seraient progressivement retirés de la circulation[1]. Bien que cette loi ne spécifiât aucun délai pour le retrait des billets du Dominion, la Banque du Canada s'appliqua à les retirer de la circulation le plus vite possible, au lieu de se limiter au remplacement des billets détériorés ou mutilés. C'est ainsi qu'à la fin de 1935, les billets du Dominion en circulation, qui totalisaient à l'ouverture de la Banque un peu plus de 200 millions de dollars, avaient presque tous été remplacés par ceux de la Banque du Canada. Conformément aux révisions de 1934 et de 1944 de la *Loi sur les banques*, le privilège d'émission dont jouissaient les banques à charte fut progressivement réduit; toutefois, ce n'est qu'en 1950 que leur passif-billets but transféré à la Banque du Canada. On aurait pu penser que la perte par les banques de leur privilège d'émission constituerait pour elles un motif d'opposition à la nouvelle banque centrale, mais leur résistance fut en fait très faible, probablement parce que l'émission des billets ne représentait plus pour elles une opération aussi lucrative qu'auparavant.

Le Service des changes comptait à l'origine un personnel peu nombreux; son chef était en poste à Montréal et il avait un représentant à Toronto. Ce service avait pour principale fonction d'acheter et de vendre des devises pour le compte de la Banque, de banques centrales étrangères et du gouvernement, bien que ce dernier continuât également pendant quelques années encore de recourir à cette fin aux services des banques à charte. Le Service des changes commença presque dès le début à publier les cours officiels du dollar É.-U. et de la livre sterling. Il convient également de mentionner que la *Loi sur la Banque du Canada* obligeait celle-ci, lorsque le ministre des Finances lui en donnait l'ordre, à acheter des lingots d'argent aux termes de l'Entente de Londres sur l'argent. Par cet accord conclu à Londres lors de la Conférence monétaire et économique de 1933, les pays signataires s'étaient engagés pour quatre ans, soit jusqu'en 1937, à acheter et à conserver un volume considérable d'argent-métal nouvellement extrait. Le quota annuel du Canada avait été fixé à 1,7 million d'onces. À l'ouverture de la Banque, le gouvernement lui transféra ses réserves d'argent, et le Service des changes

[1]Voir «L'émission des billets de banque», *Revue de la Banque du Canada*, juin 1972, p. 17–32.

fut chargé d'effectuer les achats prévus jusqu'à l'expiration de l'accord. C'est pour cette raison que les lingots d'argent figurent, dans les premiers bilans de la Banque, à côté des devises étrangères et des avoirs en or. Ces avoirs en argent se chiffraient à un peu moins d'un million de dollars en 1935 et à 3 millions environ à la fin de 1937. À l'échéance de l'accord, les principaux pays vendirent rapidement leurs réserves d'argent, et, dès mai 1938, la Banque n'en détenait plus.

Agent financier du gouvernement, la Banque du Canada fut dès le début chargée du côté technique de l'émission des titres de l'État. Elle jouait également, auprès des autorités fédérales, un rôle consultatif en matière financière. Cette tâche revenait principalement au Conseiller en valeurs, secondé par une poignée de collaborateurs, dont des représentants à Montréal et à Toronto. Le département des Valeurs devait en outre gérer le portefeuille de la Banque en fonds d'État et s'occuper de l'achat ou de la vente d'obligations du gouvernement canadien dans le cadre des opérations — limitées — d'open-market. Peu après son ouverture, la Banque fut appelée à donner son avis sur une série d'emprunts du gouvernement et à veiller aux détails techniques de ces émissions. On lui confia également la responsabilité des adjudications de bons du Trésor. Bien que l'encours de ces derniers demeurât faible jusqu'à la Seconde Guerre mondiale, des adjudications bimensuelles eurent lieu régulièrement à partir de 1937[2].

Outre les services chargés des opérations, la Banque mit sur pied un département de recherches. Ce dernier devait fournir des renseignements et des conseils sur l'évolution financière et sur la conjoncture économique au Canada et à l'étranger. Ce département tenait particulièrement à cœur au sous-gouverneur, M. Osborne, qui avait créé le service de statistique de la Banque d'Angleterre. Contrairement à la situation actuelle, il y avait pendant les années 30 à Ottawa très peu de centres équipés pour la recherche appliquée; on en trouvait notamment au Bureau fédéral de la statistique et dans les ministères chargés de questions tarifaires, et le travail qui s'y faisait était souvent très spécialisé. Ce n'est qu'après la création du département des Recherches de la Banque du Canada que des travaux de caractère plus général

[2]Voir «Les bons du Trésor du gouvernement canadien», *Revue de la Banque du Canada*, mai 1972, p. 3–13.

devinrent possibles. Une des premières réalisations de ce département fut la publication d'un bulletin statistique mensuel, qui commença à paraître en janvier 1937. Comme il avait des fonctions moins précises que les autres services de la Banque, ce département eut à accomplir des tâches très variées. C'est ainsi qu'il eut souvent à effectuer des travaux de recherche pour le compte de divers ministères ou à les conseiller en ce domaine. Ce genre d'activité mobilisait parfois une grande partie des ressources du département, mais donna à la Banque l'occasion de se familiariser avec les opérations du gouvernement et d'établir d'étroites relations avec les ministères fédéraux.

LES RELATIONS AVEC LES BANQUES ET LE PUBLIC

L'un des principaux objectifs de la Banque au cours de ses premières années d'activité consistait à établir de bonnes relations avec les banques à charte. En l'absence d'un marché monétaire bien structuré, cet objectif revêtait une importance particulière du fait que les rapports qui, dans d'autres pays, se seraient normalement établis par le biais des rouages du marché monétaire ne pouvaient l'être, au Canada, que par des contacts directs. Dans son premier Rapport annuel, M. Towers faisait d'ailleurs remarquer qu'avant mars 1935 «nous avons eu l'occasion de rechercher le concours des banques à charte, afin de commencer nos opérations dans les meilleures conditions et avec le plus d'efficacité possible. Ce concours, elles nous l'ont généreusement accordé . . . Une banque centrale ne concurrence pas les banques commerciales.»

Les banques à charte, à l'exception de la Banque Royale du Canada, étaient dans l'ensemble opposées à la création d'un institut d'émission. Néanmoins, après sa constitution, elles se montrèrent disposées à collaborer avec lui, sans manifester pour autant beaucoup d'enthousiasme. M. Jackson Dodds, président de l'Association des banquiers canadiens (A.B.C.), déclara en l'occurrence : «Nous avons maintenant au Canada, pour le meilleur et pour le pire, une banque centrale destinée à être la banque des banques. Les banquiers ont le sens des réalités, ils sont prêts à faire le meilleur usage possible des outils mis à leur disposition . . . Le gouvernement et la population peuvent être assurés que les banquiers du Canada, sans exception, feront de leur mieux pour collaborer avec la Banque du Canada dans l'intérêt du pays tout entier.»

Le gouverneur ainsi que plusieurs autres membres de la direction avaient fait carrière dans les banques à charte et parlaient donc le même langage qu'elles. Bien que les relations avec l'A.B.C. et avec chaque banque en particulier fussent au début plus correctes que cordiales, un climat de confiance mutuelle s'établit progressivement au cours des premières années. On ne tarda pas à envisager la tenue de réunions régulières afin de permettre à la Banque du Canada et aux banques à charte d'étudier des questions d'ordre général ou des problèmes précis.

Une question importante était l'administration des comptes du gouvernement. Dans son rapport, la Commission Macmillan avait supposé que tous ces comptes seraient transférés à la banque centrale, que toutes les recettes de l'État y seraient déposées et que les sorties de fonds (abstraction faite de certaines opérations avec l'étranger) seraient effectuées par chèques tirés sur elle. La Commission Macmillan avait également envisagé la possibilité, pour la banque centrale, de prendre des mesures destinées à compenser l'incidence des fluctuations enregistrées par les rentrées de fonds du gouvernement sur le niveau des réserves-encaisse des banques à charte. En réalité, les dépôts du gouvernement, avant la guerre, étaient généralement trop faibles pour pouvoir être utilisés avec quelque efficacité comme moyen de régulation de la liquidité bancaire. Il devint également manifeste qu'une centralisation complète des comptes du gouvernement poserait des problèmes d'ordre pratique — par exemple lors du lancement d'emprunts obligataires par l'État — au Service de comptabilité, encore modeste, de la Banque. Aussi le gouvernement conserva-t-il des comptes dans les banques à charte, ce qu'il n'a d'ailleurs pas cessé de faire. Il y eut d'abord une tendance à maintenir les dépôts du gouvernement à la Banque du Canada à un niveau relativement stable, mais il devint de pratique courante, dans les années qui suivirent, de les faire varier de façon modérée à mesure que la Banque perfectionnait ses techniques de gestion des réserves-encaisse.

Des efforts considérables furent déployés, au cours des premières années, en vue de renseigner le public sur le rôle de la Banque. Peu après l'ouverture de celle-ci, M. Rhodes, ministre des Finances, et M. Clark, sous-ministre, décrivirent de façon détaillée dans des discours les opérations d'une banque centrale. Le sous-gouverneur, M. Osborne, prononça également un certain nombre d'allocutions sur le même thème, tandis que de son côté le gouverneur, M. Towers, effectuait une tournée dans la plupart des grandes villes de l'Ouest en 1935 et y prenait la parole pour décrire les fonctions de l'institut d'émission. L'Ouest était, en effet, la région où M. Towers était le moins bien connu et où la notion de banque centrale éveillait le plus de méfiance.

Dans son exposé budgétaire du 22 mars 1935, M. Rhodes, ministre des Finances, a résumé en ces termes l'idée que le gouvernement se faisait de la Banque du Canada à l'époque où celle-ci commença ses opérations :

> La Banque est assurée dès le début de la bonne volonté et de l'appui du public ainsi que de la coopération des banques, avec lesquelles elle fera nécessairement beaucoup d'affaires. Elle ne sera peut-être pas capable d'accomplir les miracles que l'on attend d'elle en certains milieux, mais j'ai toute confiance que dans les années à venir son apport à la prospérité économique de ce Dominion sera important. Elle assurera — car ce besoin s'est fait sentir depuis longtemps — un contrôle unique, exclusivement dans l'intérêt du public, du volume de la monnaie et du crédit utilisés. Elle contribuera, je l'espère, à assurer une plus grande stabilité de notre vie économique, dans la mesure où la chose peut se faire en ayant recours aux méthodes monétaires. Pour la première fois, elle donnera des orientations au monde financier, et contribuera de plusieurs façons à améliorer l'organisation et le fonctionnement de notre système financier dans son ensemble.
>
> J'espère beaucoup également des conseils désintéressés et compétents en matière financière qu'elle devrait être capable de donner, non seulement au gouvernement fédéral mais aussi à tous les gouvernements provinciaux, qui ont peut-être éprouvé de la difficulté à se tenir bien au courant des conditions sur les marchés financiers du monde entier et pourront, à l'avenir, profiter des services de la Banque.
>
> La Banque fournira aussi un rouage efficace, grâce auquel le Canada pourra en temps voulu mettre en vigueur une politique nationale eu égard à notre futur régime monétaire. J'ai déjà mentionné les effets défavorables de l'instabilité des principales monnaies sur le commerce international. En ce qui concerne le Canada, pour lequel le commerce extérieur joue un rôle si important et dont les engagements envers l'étranger représentent des sommes si considérables, cette instabilité monétaire est un facteur de première importance.

La banque s'efforça également, dans les Rapports annuels de cette période, d'expliquer quel était son rôle. Ainsi, M. Towers faisait les remarques suivantes dans son premier Rapport : «Certains pensent que le facteur monétaire a une importance telle que tous les autres facteurs vont se remettre en place et que toute l'économie va fonctionner sans heurts à la seule condition que la banque centrale fournisse la quantité de monnaie qu'il faut au taux et au moment qu'il faut. D'autres personnes, à l'opposé, ne considèrent la banque centrale que comme la cinquième roue du carrosse . . . Aucune de ces vues extrêmes n'est exacte, à mon avis.»

Dans le même document, M. Towers dénonçait également la méfiance de certains milieux à l'égard de la finance internationale. Évoquant l'importance de la collaboration avec d'autres banques centrales, M. Towers écrivait : «Une des banques centrales de l'Empire, la Banque d'Angleterre, passe aux yeux de certains gens pour exercer dans le monde entier une influence néfaste en matière de politique financière. À mon avis, cela est absurde et, de toute façon, on peut sûrement s'en remettre aux banques centrales et aux gouvernements des divers Dominions du soin d'empêcher toute influence indue et pernicieuse.»

On peut penser que des opinions de ce genre n'étaient pas pour faciliter la tâche du sous-gouverneur Osborne, qui avait été détaché par la Banque d'Angleterre, mais il n'éprouva en réalité aucune difficulté particulière du fait de ses liens avec cette institution. S'il est vrai que M. Osborne, pour des raisons de convenance personnelle, retourna à la Banque d'Angleterre un peu avant l'expiration de son mandat, il n'en rendit pas moins d'éminents services pendant les quatre années où il exerça les fonctions de sous-gouverneur. D'aucuns avaient cru comprendre qu'il jouerait surtout un rôle consultatif, mais M. Towers ne tarda pas à préciser que M. Osborne exercerait pleinement les fonctions attachées à sa charge. Ses connaissances en matière de banque centrale et les relations qu'il avait nouées avec les autres instituts d'émission se révélèrent très précieuses au cours des premières années de la Banque, dont les employés étaient alors en majorité jeunes et inexpérimentés. En septembre 1938, M. Donald Gordon, secrétaire de la Banque depuis le début, succéda à M. Osborne au poste de sous-gouverneur.

LA POLITIQUE DE LA BANQUE DE 1935 À 1939

Les graves problèmes économiques de ces années — la lenteur décevante de la reprise économiques après la crise, la persistance d'un niveau élevé de chômage et les difficultés financières de certaines provinces — préoccupaient vivement la Banque, mais, comme le gouverneur, M. Towers, devait en faire la remarque quelques années plus tard, les thérapeutiques dont disposait une banque centrale à l'époque étaient relativement peu compliquées. La conjoncture économique, l'acceptation progressive des théories keynésiennes et, sur un plan plus général, un changement de mentalité sont autant d'éléments qui jouaient dans le sens de l'aisance monétaire.

Le gouvernement s'était déjà engagé dans cette voie vers le début des années 30, et la Banque, dès son entrée en activité, favorisa le maintien à un haut niveau de la liquidité des banques à charte. Cette politique demeura pour ainsi dire inchangée jusqu'à la guerre. Bien que, vers la fin de 1936 et le début de 1937, le redressement de l'économie par rapport au creux atteint durant la Dépression eût entraîné un raffermissement des prix et même provoqué des spéculations boursières qui inspirèrent à la Banque une certaine inquiétude exprimée dans le Rapport annuel de 1936 —, la situation se modifia au second semestre de 1937, l'économie marquant de nouveau un fléchissement. Une grande sécheresse dans les Prairies vint s'ajouter aux problèmes de cette région, qui n'avait guère bénéficié de la reprise, tandis que l'économie canadienne accusait un ralentissement général pour ne se raffermir qu'à la veille des hostilités.

La Banque du Canada était, évidemment, en mesure d'augmenter ou de réduire la liquidité du système bancaire par ses opérations sur titres, mais l'absence d'un marché monétaire actif limitait la portée des opérations d'open market. On signalait dès le premier Rapport annuel — et de nouveau dans un rapport ultérieur — qu'un élargissement du marché des bons du Trésor serait souhaitable, mais les progrès en ce sens furent lents. On recourut relativement peu à d'autres techniques de politique monétaire. Le taux d'escompte, qui avait été fixé à 2 1/2% par la Banque lors de son entrée en activité, ne fut pas modifié et ce n'est que bien plus tard qu'il devint un instrument efficace de la politique monétaire. Bien qu'informées assez tôt des formalités à suivre pour obtenir des avances de la Banque du Canada, les banques à charte n'en firent qu'un usage très limité. Elles avaient pour habitude de conserver une réserve-encaisse équivalant, en moyenne, à environ 10% de leur passif-dépôts en dollars canadiens, bien que le coefficient obligatoire ne fût que de 5% du montant journalier de ce dernier.

Dans les premiers Rapport annuels, documents plutôt brefs si on les compare à ceux des dernières années, il est fait état de la politique expansionniste de la Banque mais aussi, par exemple dans le Rapport de 1939, des limites de telles politiques, particulièrement lorsqu'il s'agissait de compenser la faiblesse de la demande sur les marchés d'exportation. Il y est souvent question de la situation troublée qui régnait à l'étranger; toutefois, pour des raisons diverses et complexes, le cours du dollar canadien resta remarquablement stable pendant la majeure partie de cette période, en dépit de crises répétées sur les marchés des changes au Royaume-Uni et dans d'autres pays d'outre-mer.

Le premier examen officiel des opérations de la Banque du Canada eut lieu au début de 1939, le ministre des Finances, M. Dunning, ayant proposé, lors du dépôt à la Chambre du Rapport annuel du Gouverneur pour 1938, d'en saisir le Comité de la banque et du commerce. La décision de renvoyer le rapport à ce comité avait été annoncée au cours d'un débat sur un emprunt d'État d'un montant élevé. M. Dunning avait indiqué que les membres du Comité auraient ainsi l'occasion d'interroger la direction de la Banque du Canada sur tous les sujets qu'il leur plairait d'aborder.

Bien que le Rapport annuel pour l'année 1938 allât plus loin que les précédents dans l'examen de la situation économique, il était encore très succinct. On y mentionnait la fermeté de la balance courante du Canada et le remboursement de dettes à l'étranger, qui étaient, remarquait-on, liés à la faiblesse des investissements en biens d'équipement. Vu la conjoncture internationale défavorable, la Banque ne prévoyait à court terme aucune reprise marquée des investissements. Les audiences commencèrent le 6 mars et se poursuivirent jusqu'au 1er juin. M. Towers fut le témoin le plus important, mais d'autres hauts fonctionnaires furent également entendus par le Comité. Bien qu'au cours des discussions, on ait surtout évoqué les problèmes liés à la crise et les théories keynésiennes, on y traita également de sujets très variés, allant des notions de crédit social à d'autres théories sur la monnaie et sur la banque.

La discussion aux séances du Comité fut souvent confuse et stérile; néanmoins, M. Towers put passer en revue les diverses théories monétaires et bancaires et exposer dans leurs grandes lignes la philosophie et les objectifs de la Banque. À l'issue des travaux, le Comité publia une brochure de 86 pages renfermant des mémoires présentés en réponse aux questions posées. On y trouvait une bonne description des fonctions et des opérations de la Banque du Canada, ainsi que de la politique fiscale et monétaire. Le gouverneur souligna, dans son Rapport de l'année suivante, qu'il avait insisté, devant le Comité, sur «les limitations spéciales qu'impose à la politique monétaire du Canada le caractère de l'économie canadienne . . . Aucun stimulant monétaire, si puissant soit-il, ne peut compenser pleinement l'effet sur le Canada d'une faible demande extérieure de marchandises et de services canadiens.» Il fit également remarquer que ces audiences avaient eu lieu à une époque où un conflit international était plus que probable. Encore qu'il fût impossible de prévoir dans quelle mesure l'économie toute entière serait mobilisée, M. Towers notait que «la guerre donnait lieu à une telle demande de marchandises et services de certains genres qu'il devenait inutile de prendre des mesures monétaires pour stimuler la production». Pendant les premiers temps, l'expansion du crédit pouvait aider à empêcher la liquidation, mais elle «ne devrait se faire que dans cette phase initiale». Rappelant l'évolution observée pendant et après la guerre de 1914–1918, le gouverneur faisait remarquer dans son Rapport que divers pays avaient «exprimé l'intention de faire tout ce qui serait possible pour éviter que l'inflation ne se répète au cours du conflit actuel».

LA PARTICIPATION DE LA BANQUE DANS D'AUTRES DOMAINES

Bien que de 1935 à 1939 la politique monétaire ait été une préoccupation primordiale pour la Banque, celle-ci se consacra également à d'autres questions, auxquelles elle accorda à l'époque plus d'attention qu'elle ne devait le faire par la suite. En raison, partiellement, des problèmes spécifiques de l'heure et, aussi, du peu de ressources disponible ailleurs, la Banque du Canada se trouva fortement engagée, à travers son personnel, dans des activités n'entrant pas directement dans les attributions d'une banque centrale. Les deux domaines à l'égard desquels on mit le plus à contribution ses compétences et son personnel furent les problèmes financiers des gouvernements provinciaux et la faiblesse du marché hypothécaire. La dépression avait eu dans ces deux secteurs une incidence particulièrement néfaste et durable, et c'est notamment en considération des difficultés qui s'y manifestaient que la Commission Macmillan avait recommandé que la Banque servit d'agent financier tant aux provinces qu'au gouvernement central; la Commission avait également proposé une étude approfondie des problèmes du crédit agricole qui pourrait permettre, éventuellement, l'introduction de nouvelles mesures législatives.

La question du financement des provinces

Peu après la création de la Banque, plusieurs provinces sondèrent cette dernière sur la possibilité d'en obtenir des prêts. Il leur fut répondu que, si la Banque était disposée à agir comme «banquier ou agent financier du gouvernement d'une province» , comme l'y autorisait la *Loi sur la Banque du Canada*, il ne fallait pas en déduire qu'elle serait prête à financer des déficits budgétaires, sauf pour de très courtes périodes. La Banque voulait bien ouvrir des comptes au nom des provinces et aider celles-ci à mettre des emprunts sur le marché, mais elle devrait prendre en considération l'incidence de ces opérations sur les marchés monétaires. Les provinces étaient évidemment libres de conserver leurs relations avec les banques à charte et les négociants en valeurs mobilières, mais la Banque du Canada leur donna à entendre qu'elle n'accepterait de leur servir de conseiller financier que dans le cadre de rapports étroits et permanents. En fait, aucun accord ne fut jamais conclu, les provinces ayant sans doute estimé que leur autonomie s'en trouverait diminuée. La révision de 1967 de la *Loi sur la Banque du Canada* fit disparaître la disposition qui habilitait cette institution à jouer le rôle d'agent financier des provinces.

Si la Banque du Canada n'a jamais assumé la fonction d'agent financier des gouvernements provinciaux, elle n'en a pas moins joué un rôle important de conseil dans le vaste domaine du financement fédéral-provincial. La crise économique avait gravement atteint la trésorerie des provinces. La situation était particulièrement aiguë dans les Prairies, où de mauvaises récoltes et la faiblesse des cours des céréales avaient entraîné une baisse catastrophique du revenu, de sorte que le gouvernement fédéral s'était vu obligé de leur apporter une aide financière.

Vers la seconde moitié des années 30, il devint évident qu'un examen approfondi des problèmes particuliers des provinces s'imposait et que toute la structure des relations financières fédérales-provinciales devait être revue. Il y eut alors une série de conférences auxquelles la Banque du Canada participa à titre consultatif. On demanda aussi à la Banque, pour la première fois depuis sa création, de préparer pour chaque province des états financiers comparatifs s'étendant sur plusieurs années. Pendant un certain temps les débats portèrent principalement sur le projet de création d'un conseil des prêts qui établirait sur de nouvelles bases la coopération entre les administrations fédérale et provinciales. Le projet prévoyait des conseils des prêts dans chaque province signataire de l'accord, la garantie par le gouvernement fédéral de la dette de ces provinces et un droit de regard sur leurs emprunts. La Banque du Canada appuya le projet et, confiante dans son adoption, accorda une avance directe à la Saskatchewan. Un projet de modification de l'*Acte de l'Amérique du Nord britannique* — visant notamment à autoriser le gouvernement fédéral à garantir les emprunts des provinces — fut présenté au Parlement en 1936, mais il n'obtint pas l'approbation du Sénat. La création d'un conseil des prêts fut encore discutée un certain temps, mais ne se réalisa jamais.

En 1937, la Banque du Canada procéda, à la demande du gouvernement fédéral et des gouvernements du Manitoba, de la Saskatchewan et, plus tard, de l'Alberta, à un examen de la situation financière de ces trois provinces. L'étude terminée, le gouverneur déclara qu'à son point de vue, seule une enquête en profondeur sur les pouvoirs financiers de tous les gouvernements permettrait d'aboutir à une solution. Il proposa à cette fin la création d'une commission, et en 1937 le gouvernement annonça son intention de former une Commission royale d'enquête sur les relations entre le Dominion et les provinces, connue par la suite sous le nom de Commission Rowell-Sirois. Pendant près de trois ans, des membres du département des Recherches de la Banque, dont M. Alex Skelton, le chef du département, et M. John Deutsch, participèrent aux travaux de la Commission. M. Skelton, qui avait déjà pris part aux conférences fédérales-provinciales sur les finances, fut nommé secrétaire de la Commission. Il participa très activement aux enquêtes, à la préparation d'études sur l'économie canadienne et sur les structures sociales et politiques du pays, ainsi qu'à la rédaction du rapport final.

En 1941, une conférence fédérale-provinciale fut convoquée en vue d'étudier les propositions de la Commission, mais l'opposition de principe de quelques provinces à ces recommandations la fit échouer dès le début. Toutefois, le travail de la Commission contribua grandement à la législation sur la location de domaines fiscaux qui allait être adoptée la même année.

La Banque hypothécaire centrale

Bien qu'on n'eût pas donné suite à la proposition de la Commission Macmillan d'ouvrir une enquête officielle sur les problèmes du crédit agricole, le gouvernement continua à étudier la question. Lorsqu'il apparut que la politique de détente monétaire ne suffisait pas à rétablir la confiance sur le marché hypothécaire, notamment parce que les fonds qui y avaient été engagés se trouvaient immobilisés par le moratoire, on envisagea de fonder une Banque hypothécaire centrale, qui relèverait de la Banque du Canada. Une loi sur la création de la Banque hypothécaire centrale fut adoptée en 1939. Le capital devait en être souscrit par le gouvernement, et les fonds d'emprunt du nouvel organisme devaient servir à escompter les créances hypothécaires rurales ou urbaines présentées par certaines sociétés de prêt hypothécaire de façon à rétablir la liquidité du marché. Le gouverneur de la Banque du Canada fut nommé président de la nouvelle institution, les autres postes de direction devant être assumés, à temps partiel, par des cadres de la banque centrale. On confia à M. David B. Mansur, jusque-là au service de la compagnie d'assurance-vie Sun Life, les fonctions de surintendant général de la Banque hypothécaire et l'on procéda à quelques autres nominations afin de pourvoir à certains postes administratifs ou spécialisés. La guerre porta un coup d'arrêt à ces projets; un certain nombre des personnes ainsi nommées, M. Mansur entre autres, furent transférées à la Commission — nouvellement créée — de contrôle du change étranger. La Banque hypothécaire ne put donc réellement entrer en activité et fut dissoute à la fin de la guerre. Dans l'intervalle, la situation avait évolué, et certaines des fonctions imparties à la Banque hypothécaire furent prises en charge par la toute nouvelle Société centrale d'hypothèques et de logement, dont M. Mansur devint le premier président.

LE CONTEXTE INTERNATIONAL

Dès le début, la Banque accorda une grande attention à l'évolution de la conjoncture à l'étranger, tant à cause des incidences de cette dernière sur l'économie canadienne qu'en raison de la responsabilité directe de la Banque à l'égard du cours du dollar canadien sur les marchés des changes. La crise avait porté un coup sévère au système de l'étalon-or. En septembre 1931, le Royaume-Uni, qui, six ans plus tôt, avait rétabli la convertibilité-or de la livre sterling à la parité de 1914, avait dû abandonner l'étalon-or, et la livre avait accusé une baisse brutale au cours de l'année suivante. D'autres pays, dont le Canada, avaient adopté un taux de change flottant et, dans certains cas, établi un contrôle des changes. Au début de 1933, le gouvernement américain avait suspendu, à titre provisoire, les paiements en or; l'année suivante, il avait majoré unilatéralement le prix de ce métal, le portant à 35 $ l'once. La Banque du Canada ouvrait donc ses portes à un moment où le système de l'étalon-or était en pleine débâcle, où le commerce international fonctionnait au ralenti et où les divers pays tentaient de pallier les faiblesses de leur économie en instaurant des mesures de caractère protectionniste, le plus souvent au détriment des autres nations. La seconde moitié des années 30 fut caractérisée par une cascade de dévaluations, par l'extension des contrôles sur le commerce extérieur et sur le change, et par une tension croissante sur le plan politique. À la fin de la décennie, pendant que le climat s'alourdissait en Europe, la fuite des capitaux européens vers les États-Unis s'amplifia. Parallèlement, les banques centrales étrangères eurent beaucoup plus recours, à partir de 1936, aux services de garde de lingots d'or offerts par la Banque du Canada, ce qui illustre bien l'atmosphère tendue qui régnait à l'époque. Vers la fin de 1939, près de 15 millions d'onces d'or, valant plus de 500 millions de dollars, avaient ainsi été confiées — en grande partie avant l'ouverture des hostilités — à la Banque du Canada.

Le cours du dollar canadien se montra généralement stable tout au long de cette période, et la Banque n'eut guère à intervenir sur le marché, sauf aux périodes de pressions sur le cours du dollar, lors des crises internationales de 1938 et 1939. Malgré l'anémie désespérante du commerce extérieur, la balance courante accusa durant cette période un net excédent. Celui-ci fut compensé par une sortie nette de capitaux : en effet, les nouveaux emprunts à l'étranger furent bien moins élevés que précédemment, tandis qu'on notait un fort remboursement d'obligations canadiennes détenues par des non-résidents et payables expressément ou facultativement en monnaies étrangères. Comme toute hausse du dollar canadien incitait à remplacer sur le marché intérieur les emprunts obtenus à l'étranger à des taux plus élevés pendant les années 20, tandis qu'une baisse jouait en sens contraire, le cours du dollar canadien eut tendance à se maintenir dans une étroite bande de fluctuation.

Les pressions sur le cours du dollar canadien se firent plus vives en 1938, la tension montant en Europe et la livre sterling accusant une forte baisse. Il apparut que des interventions officielles — même considérables par rapport au volume des réserves existantes — n'avaient, dans de telles circonstances, que peu d'effet. Dans son Rapport annuel pour 1939, le gouverneur mentionnait l'intérêt qu'il y aurait à accroître les réserves et ajoutait que les avoirs officiels en or et en devises étrangères avaient été augmentés à diverses reprises au cours des trois années précédentes, notamment parce que le Canada «aurait sans doute besoin, en cas de guerre, de toutes les réserves officielles qu'il pourrait accumuler sans difficulté». De la fin de 1935 à la fin de 1938, les réserves passèrent de 186 millions de dollars (dont 180 en or) à 214 millions, la majeure partie de l'accroissement étant enregistrée sur les avoirs en dollars É.-U. et en livres sterling. Bien que le cours du dollar canadien se fût stabilisé à la suite de l'Accord de Munich signé en septembre 1938, il baissa de nouveau au cours de l'été de 1939, lorsque la guerre sembla imminente. Peu après le déclenchement des hostilités, on imposa le contrôle des changes.

Bien que le rôle joué par la Banque pendant les années de guerre doive faire l'objet d'un autre chapitre, signalons que, dès l'année précédant le début du conflit, la Banque avait dû consacrer une part croissante de ses activités à la planification de mesures d'urgence, dont certaines avaient un caractère assez général, mais dont d'autres portaient sur des problèmes éventuels très précis. Aussi l'évolution de la Banque s'écarta-t-elle de son cours normal avant même que cette institution ne fût entrée dans sa cinquième année d'activité.

Le siège de la Banque du Canada en 1938. Photographie prise entre l'édifice de la Confédération et l'immeuble du ministère de la Justice (Archives de la Banque du Canada)

CHAPITRE IV

La Banque du Canada pendant les années de guerre

La guerre de 1939–1945 marqua profondément le développement de la Banque du Canada, qui, au déclenchement des hostilités, avait seulement un peu plus de quatre ans d'existence. À peine la Banque avait-elle mis au point ses opérations courantes et réellement assumé ses attributions de banque centrale que la guerre venait brutalement infléchir le cours de son évolution. Le conflit proprement dit dura presque six ans, mais comme le Canada n'était pas vraiment en temps de paix durant les mois qui précédèrent et suivirent les hostilités, le cours normal des activités fut interrompu pendant près de huit ans. On ne saurait simplement négliger cette phase de l'histoire de la Banque et passer sans plus à l'époque où la situation s'est normalisée. Trop de choses en effet s'étaient produites : sur le plan intérieur, l'économie et l'opinion publique s'étaient transformées, tandis que le contexte international était lui aussi devenu très différent; la Banque elle-même, par suite de l'expérience acquise pendant la guerre, s'était profondément modifiée. Cette période mérite donc d'être étudiée attentivement, et, s'il n'est pas nécessaire de passer en revue toutes les opérations directement liées à la guerre, il importe du moins de voir dans quelle mesure les événements de cette époque ont influé sur l'orientation de la Banque.

LA PÉRIODE ANTÉRIEURE À LA GUERRE

Comme la tension montait en Europe en 1938, tout particulièrement après la crise de Munich en septembre, la Banque du Canada participa avec les autorités à l'élaboration d'un ensemble de me-

---

*Publié au préalable dans la *Revue de la Banque du Canada*, livraison d'avril 1973, p. 4–17.

sures susceptibles d'être adoptées rapidement afin de parer aux divers problèmes qui ne manqueraient pas de se poser en cas de guerre. Dès le début de ces préparatifs, il apparut que la mission première de la Banque du Canada consisterait à maintenir la valeur du dollar canadien sur les marchés des changes.

L'expérience des années 1919 à 1923 et 1931 à 1935 laissait présager que le dollar canadien serait l'objet de pressions en cas de fortes fluctuations de la livre sterling. Si notre monnaie demeura étonnamment stable en 1938, elle n'en fut pas moins sujette à certaines tensions en septembre, à la suite d'une chute du sterling. Il était clair qu'en cas de guerre le cours de la livre et des autres grandes devises d'outre-mer baisserait sur les marchés des changes et que le dollar canadien serait exposé à subir le contrecoup des mouvements de capitaux spéculatifs d'une ampleur telle que les réserves d'or et de devises dont la Banque du Canada pourrait disposer pour stabiliser la monnaie nationale se révéleraient tout à fait insuffisantes.

Il est difficile de déterminer à quel moment précis la Banque et le gouvernement commencèrent à envisager sérieusement l'institution d'une forme quelconque de contrôle des changes en cas de guerre. Vers le début de 1937, en tout cas, les perspectives s'étaient à tel point assombries qu'on s'interrogea sur l'opportunité ou la possibilité d'instaurer des mesures de contrôle, au cas où les hostilités viendraient à éclater. Comme un certain nombre de pays avaient adopté des réglementations de ce genre au cours des années 30, on étudia les méthodes appliquées et les résultats obtenus; on examina également les dispositions prévues par d'autres États, tout en gardant à l'esprit que les particularités de la situation au Canada limitaient la valeur des enseignements à tirer des expériences étrangères. Si des arguments très puissants militaient en faveur du contrôle des changes dans l'éventualité d'un conflit international, on craignait néanmoins qu'un tel contrôle se révélât extrêmement difficile à appliquer et eût des effets néfastes sur l'économie. Ces inquiétudes se fondaient sur l'étroitesse des liens économiques et financiers qui existaient entre le Canada et les États-Unis, ainsi que sur la forte probabilité que le Canada s'engagerait dans un éventuel conflit, tandis que les États-Unis resteraient neutres, au moins pendant quelque temps. Le bon fonctionnement du contrôle des changes a prouvé que ces craintes étaient excessives. Rappelons cependant que, vers la fin des années 30, les autorités n'avaient, pour déterminer leur politique, qu'un nombre assez restreint de renseignements concrets sur la structure des paiements internationaux du Canada.

Vers le début de 1938, on en arriva à la conclusion que des mesures de contrôle seraient probablement nécessaires et que l'établissement d'un plan précis constituerait le meilleur moyen de déceler les difficultés que ces mesures comporteraient. M. Sidney Turk, qui dirigeait le Service du change étranger à la Banque, fut déchargé de la plupart de ses fonctions pour pouvoir se consacrer presque entièrement à l'étude du contrôle des changes et à l'élaboration d'un ensemble de mesures applicables au Canada. Au début, afin de préserver le secret, il travailla pour ainsi dire seul. Le rythme des travaux varia quelque peu en fonction de l'urgence apparente du problème, mais ceux-ci se poursuivirent sans interruption. Au début de 1939, les plans étaient suffisamment avancés pour pouvoir être soumis au sous-ministre des Finances, M. Clark, puis au ministre, un peu plus tard. Il fut alors convenu de mettre au point les modalités d'application du système afin de pouvoir l'instituer en cas de besoin. La planification était d'autant plus difficile qu'il fallait concevoir et faire imprimer des formules à l'avance et en expédier des réserves suffisantes à des endroits stratégiques du pays, opération qui exigeait beaucoup de temps et devait être exécutée dans le plus grand secret. En effet, si la nouvelle de la préparation des mesures de contrôle des changes s'était ébruitée prématurément, certains des objectifs en auraient été compromis, et il se serait vraisemblablement produit des sorties de capitaux perturbatrices.

Lorsque le Canada entra en guerre, le 10 septembre 1939, la mise au point du projet était presque achevée de sorte que la réglementation des changes put entrer en vigueur le 16. Malgré le risque qu'il y avait à retarder, ne fut-ce que de quelques jours, l'application de ces mesures, il parut préférable de les mettre en œuvre en fin de semaine. Le vendredi 15 septembre, un certain nombre de dirigeants de banques à charte ainsi que quelques autres personnes qui, de par leur fonction au gouvernement ou dans le secteur privé, étaient directement intéressés furent convoqués à la Banque du Canada. Ils y furent informés du dispositif de contrôle prévu, et privés de la possibilité de communiquer avec l'extérieur avant l'heure de clôture des marchés. Dans l'intervalle, les agences de la Banque avaient reçu des stocks de brochures d'instructions et de formules à distribuer aux banques à charte en temps opportun. Celles-ci étant ouvertes le samedi matin, on n'excluait pas l'éventualité d'une certaine confusion au début; toutefois, comme le personnel des banques disposait de la fin de semaine pour étudier ces directives, on espérait que dès le lundi tout reviendrait dans l'ordre. En l'occurrence, l'opération se déroula sans heurts et l'on n'eut à déplorer ni rumeurs ni fuites, encore qu'un journal financier américain eût évoqué la possibilité que le Canada adoptât des mesures de contrôle à l'instar du Royaume-Uni, qui avait instauré la réglementation des changes immédiatement après la déclaration de guerre du 3 septembre. Ce n'était là qu'une hypothèse raisonnable étant donné les circonstances.

LA COMMISSION DE CONTRÔLE DU CHANGE ÉTRANGER

La *Loi des mesures de guerre* de 1914 accordait au gouvernement le pouvoir de décréter le contrôle des changes, lequel entra en vigueur le 16 septembre 1939. L'arrêté en conseil créa la Commission de contrôle du change étranger, organisme autonome relevant directement du gouvernement, mais dont les relations avec la Banque du Canada étaient si étroites qu'il était impossible, à maints égards, de l'en distinguer. La Banque se vit confier le rôle du conseiller technique et d'agent de la Commission; elle devait assurer le travail administratif et fournir le personnel et les locaux. M. Towers, le gouverneur de la Banque, fut nommé président de la Commission. En faisaient également partie le sous-ministre des Finances, le commissaire aux Douanes, le directeur des Renseignements commerciaux au ministère de l'Industrie et du commerce, le premier secrétaire du ministère des Affaires extérieures et, plus tard, l'inspecteur en chef des Postes. La Commission reçut des pouvoirs très étendus de contrôle sur toutes les transactions ayant une dimension financière internationale. Dans la pratique, la réglementation des changes était assumée en grande partie par les banques à charte, désignées officiellement sous le nom de «négociants autorisés». En effet, presque tous les achats et ventes de devises étrangères, de même que les opérations et les formalités relatives au commerce extérieur et aux transferts de fonds, s'effectuaient par leur entremise. L'interprétation et l'application des dispositions étaient laissées dans une large mesure à l'appréciation des banques. Le personnel de la Commission, placé d'abord sous la direction de M. Donald Gordon, sous-gouverneur de la Banque, puis de M. Louis Rasminsky, nommé président suppléant et directeur général en 1942, s'occupait principalement de la surveillance des opérations, de la solution des affaires importantes ou sortant de l'ordinaire, de la formulation de la politique à soumettre à la Commission ainsi que de l'établissement et de l'analyse des données statistiques.

Le contrôle des changes visait en premier lieu à maintenir la stabilité du cours de notre monnaie et à conserver nos avoirs en devises afin d'assurer la couverture des besoins essentiels du pays; il s'agissait donc de prévenir tout emploi de ces avoirs à d'autres fins, en particulier les exportations de capitaux. Outre la possibilité de sorties spéculatives de capitaux, on prévoyait un accroissement du déficit de nos opérations courantes avec les États-Unis, lequel ne pourrait être financé par notre excédent avec les pays de la zone sterling. Bien que les mouvements des capitaux fussent le principal sujet de préoccupation, il paraissait certain que, compte tenu de l'expérience acquise dans d'autres pays et vu les problèmes d'ordre pratique, seul un dispositif d'application générale permettrait d'assurer un contrôle efficace. Aussi toutes les rentrées de devises devaient-elles être cédées aux «négociants autorisés» et toutes les demandes de monnaies étrangères leur être adressées. Les rouages du contrôle des changes reposaient en grande partie sur le fait que la plupart des transactions avec l'étranger n'étaient pas conclues au comptant mais à terme de un à trois mois au plus ou se faisaient en consignation ou en compte. Il fallait donc, pour pouvoir effectuer un contrôle efficace, concevoir un système qui permettrait de vérifier a posteriori la concordance des opérations commerciales ou financières avec les mouvements de fonds correspondants et d'enquêter au besoin. En réalité, la Commission se contenta de restreindre les mouvements de capitaux et, après juillet 1940, les voyages effectués aux États-Unis à des fins autres que commerciales. C'est en vertu de la *Loi sur la conservation des changes en temps de guerre* de décembre 1940 que fut promulguée, au début de 1941, l'interdiction d'importer un vaste éventail d'articles non essentiels des pays n'appartenant pas à la zone sterling.

Bien que contrôle des changes et fixité des taux de change n'aillent pas obligatoirement de pair, il fut décidé d'établir le cours du dollar canadien à un niveau fixe lors de l'instauration des mesures de contrôle. La détermination des taux acheteur et vendeur — 1,10 $ et 1,11 $ pour le dollar américain, 4,43 $ et 4,47 $ pour la livre sterling — répondait surtout à une considération d'ordre pratique, car ils correspondaient aux cotes du marché à ce moment. Par ailleurs, aux époques d'instabilité de la livre, on avait constaté une tendance du dollar canadien à marquer des variations parallèles à celles du sterling par rapport au dollar américain, mais d'une amplitude environ deux fois moindre. La *Loi sur le fonds du change* de 1935 prévoyait la création d'un fonds «pour aider à contrôler et à protéger la valeur extérieure de l'unité monétaire canadienne»[1]. Le Fonds des changes entra en activité le 15 septembre 1939 et la Commission de contrôle du change étranger fut habilitée à en utiliser les ressources pour maintenir le cours du dollar canadien. Depuis lors, c'est la Banque du Canada qui administre le Fonds pour le compte du ministre des Finances.

Étant donné que la réglementation des changes était la première des importantes mesures restrictives de temps de guerre à être adoptée, elle suscita une certaine hostilité chez le public, qui y voyait une entrave à ses activités normales. Ce sentiment était évidemment provoqué en partie par les délais et les obstacles inévitables au début. Du fait de l'obligation du secret, la Commission de contrôle du change étranger commença ses opérations avec un personnel extrêmement réduit, et la Banque du Canada dut faire face à tous les problèmes administratifs posés par le nouveau système, tout en continuant à accomplir ses tâches habituelles. La direction de la Banque fut obligée, à cette époque, de consacrer une bonne partie de son temps aux travaux de la Commission. Heureusement, on parvint rapidement à recruter du personnel compétent et à améliorer le dispositif de contrôle, le répit fourni par la «drôle de guerre» ayant été mis à profit pour revoir la réglementation des changes et la mettre à l'épreuve «sur le terrain».

Au cours de l'année 1940, un certain nombre d'autres mesures furent prises en vue de conserver et de mobiliser les réserves de

---

[1]Voir chapitre II, p. 15–30.

change. Vu le tour que prenaient les événements, il devenait évident que l'économie canadienne serait appelée à fournir un gros effort et que les besoins de fournitures de guerre en provenance des États-Unis iraient en augmentant. Notons en passant qu'à son retour d'un voyage en Grande-Bretagne en novembre 1939, M. Towers s'était montré extrêmement préoccupé par la lenteur des préparatifs de guerre dans ce pays; son opinion contribua certainement à accélérer la préparation des plans d'urgence en cours à la Banque ainsi que dans les milieux gouvernementaux auprès desquels il jouait un rôle de conseiller. Un inventaire des avoirs officiels de change et d'autres éléments d'actif fut suivi, le 30 avril 1940, de la promulgation de l'*Ordonnance sur l'acquisition de la devise étrangère.* Cette mesure obligeait les résidents canadiens à vendre à la Commission de contrôle du change étranger tous leurs avoirs en devises au-delà d'un certain montant; simultanément, une autre ordonnance stipulait le transfert, à la Commission, de l'or détenu par la Banque du Canada et suspendait l'obligation pour celle-ci, de maintenir des réserves-or équivalant à 25 pour cent du passif constitué par les dépôts et les billets. Les banques à charte furent autorisées à garder en devises les sommes nécessaires à la conduite des opérations qu'elles exécutaient pour le compte de la Commission; par la suite, certains établissements qui effectuaient de nombreuses transactions en monnaies étrangères reçurent l'autorisation de détenir des comptes en devises dans les banques, mais toutes les transactions furent déclarées à la Commission. La situation internationale s'aggravant, les autorités instituèrent d'autres restrictions, limitant notamment des déplacements à l'étranger aux voyages d'affaires et interdisant les importations non essentielles, ainsi qu'il a été dit plus haut. Par la suite, des arrangements furent conclus avec les États-Unis, en vertu des Accords de Hyde Park, par lesquels le Canada vendait certaines fournitures de guerre aux États-Unis et se trouvait ainsi mieux en mesure de régler les importations jugées nécessaires.

LE FINANCEMENT DE LA GUERRE

Une autre fonction importante de la Banque du Canada pendant la guerre tenait à son rôle de conseiller et d'agent financier du gouvernement; à ce titre, elle était chargée de la gestion de la dette publique, notamment des opérations d'émission et de remboursement. Le premier emprunt de guerre — d'un montant de 200 millions de dollars, 250 millions si l'on tient compte des titres acquis par échange — fut lancé à l'automne 1939, en grande partie selon les méthodes traditionnelles. Néanmoins, la Banque du Canada était assistée d'un comité consultatif spécial formé de représentants des négociants en valeurs mobilières et des banques à charte. On dressa une «liste spéciale» des gros investisseurs — tant publics que privés —, qui furent approchés directement par des négociants désignés pour exécuter cette phase de l'opération. Cette technique avait déjà été appliquée lors des Emprunts de la victoire émis au cours de la première guerre mondiale. En mai 1940 fut créé le Comité d'épargne de guerre, qui reçut pour mission de canaliser les fonds des petits investisseurs vers l'achat de Timbres et de Certificats d'épargne de guerre.

Un deuxième emprunt de guerre, lancé en septembre 1940, procura au Trésor 325 millions de dollars, mais on ne tarda pas à s'apercevoir que, vu la croissance des activités du temps de guerre et l'ampleur des besoins de financement du gouvernement qui en résultait, la création d'un organisme spécialement chargé de l'administration d'emprunts de montant élevé s'imposait. On créa donc le Comité d'emprunt de la victoire, qui comportait une organisation centrale, à Ottawa, ainsi que des comités provinciaux et locaux. Le premier Emprunt de la victoire, émis en juin 1941, permit de recueillir 837 millions de dollars; les méthodes et l'organisation utilisées à cette occasion servirent de modèle pour les huit Emprunts de la victoire qui suivirent. En 1941, on se remit à chercher un moyen de mobiliser l'épargne avec le maximum d'efficacité. L'histoire officielle du Comité national des finances de guerre rapporte qu'à la suite de longues délibérations, il fut décidé de créer un seul organisme d'envergure nationale, auquel incomberaient la planification, l'organisation et l'administration permanentes des emprunts d'État. Le Comité d'épargne de guerre fut dissout le 1er janvier 1942; ses attributions et ses pouvoirs, ainsi d'ailleurs que toute son organisation, furent transférés au Comité national des finances de guerre créé pour assurer l'exécution de toutes les phases du programme d'épargne volontaire de guerre au Canada. Le nouveau Comité fut chargé non seulement de l'organisation des Emprunts de la victoire mais également des programmes de publicité et de la vente des Timbres et des Certificats d'épargne de guerre.

Le siège du Comité national des finances de guerre fut installé dans une des ailes de l'immeuble provisoire construit en 1940 à côté de la Banque du Canada et qui abritait également la Commission de contrôle du change étranger. Il existait nécessairement des liens très étroits entre le Comité des finances de guerre et la Banque du Canada. Le premier président du Comité fut M. G.N. Spinney, à l'époque directeur général conjoint de la Banque de Montréal. Il fut remplacé un an plus tard par M. Towers, qui conserva ce poste jusqu'à la dissolution du Comité en 1945. M. K.A. Henderson, conseiller en valeurs à la Banque du Canada, en était le vice-président. D'autres cadres supérieurs de la Banque siégèrent également à plusieurs reprises au Comité.

Il suffit de mentionner le montant des fonds recueillis et le nombre de personnes qui ont pris part aux opérations du Comité pour donner une idée de l'ampleur de la tâche accomplie. Si le personnel à plein temps employé à Ottawa et dans les bureaux provinciaux ou locaux ne dépassa jamais 400, le nombre de collaborateurs occasionnels varia de moins de 100 à près de 2 000 en période de pointe; les effectifs, rémunérés ou bénévoles, participant de près ou de loin aux campagnes d'Emprunts de la victoire atteignirent même 150 000 à un moment donné. De plus, en raison de l'augmentation considérable des Certificats d'épargne de guerre et des Obligations de la victoire détenus par le public, la Banque dut accroître considérablement le personnel de la Section de la dette publique.

En tout, le Comité vendit plus de 12 milliards de dollars d'obligations à long terme, 9,5 milliards en chiffres nets (remboursements déduits). Comme seule une fraction infime de ces titres avait été achetée par les banques à charte, ce chiffre représentait un financement obtenu directement du grand public, qui, combiné au relèvement considérable des taux d'imposition, contribua grandement à contenir les pressions inflationnistes résultant de l'affectation d'une grande partie des ressources productives du pays aux objectifs du temps de guerre.

AUTRES MESURES DU TEMPS DE GUERRE

Comme la guerre s'intensifiait et qu'il fallait y consacrer une part croissante des ressources du pays, des mesures de contrôle économique se révélèrent de plus en plus indispensables. Outre la réglementation des changes, on eut surtout recours au contrôle des prix, au rationnement, à une réglementation très étendue de l'approvisionnement et de l'utilisation des matières premières dans les entreprises, ainsi qu'à la mobilisation de la main-d'œuvre. La Banque n'était pas directement mêlée à ces activités, mais des membres de son personnel firent partie de divers comités œuvrant dans des domaines liés aux opérations de guerre, et certains d'entre eux furent même, à l'occasion, détachés auprès d'autres organismes.

La création, au début des hostilités, de la Commission des prix et du commerce du temps de guerre avait pour objectif «de prévenir toute augmentation exagérée des prix des aliments, du combustible et des autres denrées nécessaires à l'existence, et d'assurer un approvisionnement suffisant et une distribution équitable de ces denrées». Au début, la Commission usa de ses larges pouvoirs de façon sélective, lorsque des circonstances spéciales avaient contribué à une hausse des prix. Au commencement de la guerre, il y avait une marge appréciable de sous-emploi de l'appareil productif, mais l'indice du coût de la vie monta de 8% entre septembre 1939 et avril 1941, puis accusa une nouvelle hausse du même ordre au cours des sept mois suivants. En octobre 1941, le gouvernement institua un contrôle général des prix, ce qui donna lieu au rationnement de certains produits et, dans un certain nombre de cas, au versement de subventions. Le mois suivant, M. Donald Gordon, sous-gouverneur de la Banque du Canada, fut nommé président de la Commission des prix et du commerce en temps de guerre. Il occupa ces fonctions jusqu'en 1947, puis retourna à la Banque. Ce poste, qui constituait une charge écrasante, comportait un pouvoir énorme et exigeait de son titulaire une forte dose d'énergie et de détermination, ainsi qu'une conscience aiguë de l'incidence des mesures de contrôle sur la vie quotidienne des Canadiens. Le fait que cet aspect de la politique économique canadienne pendant la guerre semble avoir donné de meilleurs résultats que les opérations du même genre effectuées dans d'autres pays est certes attribuable en grande partie à l'impulsion que lui a donnée M. Gordon.

INCIDENCE DE LA GUERRE SUR LES OPÉRATIONS DE LA BANQUE

La guerre augmenta sensiblement le travail des principaux départements d'exploitation de la Banque. Parallèlement au développement de l'économie de guerre, l'accroissement des effectifs des forces armées et de la population active, la hausse des revenus et la plus grande mobilité de la population provoquèrent une demande croissante de numéraire. La Section de la monnaie dut faire face à une forte expansion de la demande de billets de banque, dont la circulation active quintupla entre le début et la fin de la guerre. De plus, cette section eut à manipuler de grandes quantités d'or envoyées en dépôt au début des hostilités. Un gros volume d'or fut transféré des pays d'outre-mer au Canada en 1940, à la suite de l'invasion de la France par l'Allemagne; les entrées du métal précieux totalisèrent cette année-là 73,5 millions d'onces, dont 25, évalués à 900 millions de dollars canadiens, vinrent s'ajouter aux stocks gardés pour compte de tiers. Ces entrées portèrent à 1,5 milliard de dollars l'accroissement de ces stocks en 1939 et en 1940. Les entrées et sorties réelles d'or appartenant à des tiers, particulièrement vers le milieu et la fin de 1940, furent naturellement beaucoup plus importantes que ne l'indiquent ces données nettes.

La Comptabilité générale et les agences durent également travailler à la limite de leurs possibilités; les recettes et les dépenses au compte du gouvernement enregistrèrent une expansion rapide, et les comptes d'un certain nombre de banques centrales étrangères, relativement inactifs jusque-là, commencèrent à être utilisés pour le financement des activités de guerre. Comme nous l'avons déjà fait remarquer, la très forte croissance de la dette publique et, en particulier, le succès des campagnes de vente d'obligations et de certificats aux petits investisseurs entraînèrent un surcroît de travail considérable pour la Section de la dette publique. La croissance des effectifs de la Banque, passés de 366 début 1940 à près de 1 200 fin 1943, est attribuable pour une bonne part au développement de cette section et nécessita la construction, en 1942, d'un immeuble permanent, avenue King-Edward à Ottawa.

Le gonflement de la dette publique augmenta également le volume de travail des agences dans tout le pays.

Si la guerre imposa des tâches supplémentaires aux départements d'exploitation de la Banque, elle eut également d'importantes conséquences dans d'autres services de cette institution. Ainsi, le Secrétariat et le Service des valeurs prêtèrent leurs concours aux opérations les plus complexes de la Banque et de certains organismes aux attributions similaires. La liaison avec le Comité national des finances de guerre était un aspect important des fonctions du Service des valeurs, qui eut également à traiter un nombre accru d'opérations sur titres. L'introduction du contrôle des changes rendait nécessaire une meilleure connaissance de la balances des paiements : le département des Recherches accrut et spécialisa ses travaux dans ce domaine. Nommé sous-chef de ce département en 1940, M. J.R. Beattie en assuma la direction durant la plus grande partie de la guerre, le chef, M. Skelton, ayant été détaché de la Banque pour occuper divers postes officiels. Au début, le département des Recherches effectua les études statistiques réclamées par la Commission de contrôle du change étranger, mais, comme le besoin de conserver les avoirs de change se faisait plus impératif, il devint nécessaire de disposer de données plus détaillées sur la balance des paiements afin de pouvoir effectuer des projections plus précises et plus fréquentes. La Commission de contrôle du change étranger se dota d'une section de recherche et de statistique à laquelle furent affectés un certain nombre de fonctionnaires du Bureau fédéral de la statistique (actuellement Statistique Canada) spécialisés dans les questions de balance des paiements. Cette section fonctionna jusqu'à la dissolution de la Commission; elle présentait le double avantage de fournir à cette dernière des cadres expérimentés et de permettre au personnel du B.F.S. de mieux comprendre la structure de la balance des paiements en travaillant sur les dossiers de la Commission. Le département des Recherches de la Banque continua à collaborer activement avec la Commission et avec les ministères fédéraux à des études sur la balance des paiements, mais il dut également accorder une importance accrue à d'autres questions.

Si la recherche économique se développa fortement dans les commissions et les ministères gouvernementaux durant la guerre, la Banque continua néanmoins de jouer un rôle important de conseil dans des domaines qui ne relevaient pas directement de sa compétence. Un secteur particulièrement important était celui de la politique fiscale. On se rendait en effet compte que, pour éviter des effets inflationnistes, il fallait dans la mesure du possible financer l'effort de guerre par les recettes fiscales. On admettait également que, pour éviter que l'augmentation rapide des impôts entraînât des situations injustes et fût une cause de privations, il fallait faire preuve de souplesse et prévoir divers aménagements. La Banque participa donc à l'élaboration et à la mise au point d'un certain nombre de mesures destinées à résoudre ces difficultés, notamment les accords avec les provinces sur la location des domaines fiscaux, le paiement échelonné des impôts sur le revenu et un système d'épargne obligatoire ou d'impôts remboursables.

LA POLITIQUE MONÉTAIRE

La guerre modifia profondément le rôle de la Banque du Canada dans le domaine de la politique monétaire. La Banque n'était plus chargée de maintenir la valeur du dollar canadien sur les marchés de change et n'avait plus que des attributions fort réduites sur le plan de la politique monétaire. De nombreux secteurs de l'économie étaient contrôlés ou réglementés directement, l'objectif premier étant l'intensification au maximum de l'effort de guerre. À certain égards, le rôle de la Banque s'en trouvait simplifié, mais, en dépit de ces contrôles, il devint plus difficile pour elle, à mesure que s'accroissait la pression sur l'économie, de déterminer quelle était la meilleure attitude à adopter face aux exigences de la situation.

Au début des hostilités, le sous-emploi des ressources dans l'économie était assez important, de sorte qu'une expansion du crédit était envisagée d'un œil favorable; le gouvernement eut délibérément recours à quelques emprunts auprès des banques à charte. Cependant, à mesure que l'économie réagissait aux exigences de la guerre, les autorités politiques et la Banque jugèrent que les besoins de financement du gouvernement devaient être satisfaits, dans la mesure du possible, d'abord par le recours à l'impôt, ensuite par des emprunts souscrits directement par le public. Cette politique fut appliquée avec succès pendant toute la durée du conflit. Le Rapport annuel pour 1944, par exemple, signale que, du 31 août 1939 à la fin de 1944, les cinq sixièmes de l'ensemble des besoins de trésorerie du gouvernement furent financés par des recettes fiscales et par des emprunts provenant de sources autres que les banques.

La Banque continua en général à suivre une politique d'aisance monétaire pendant la guerre. Toutes les obligations à long terme émises à l'occasion des Emprunts de guerre ou des Emprunts de la victoire étaient assorties de coupons à 3%; seul le premier emprunt de guerre, de montant relativement faible, portait intérêt à 3 1/4%. Cette politique d'aisance monétaire et de faibles taux d'intérêt pratiquée pendant la guerre postulait que les diverses mesures de contrôle économique auraient pour effet de juguler les forces inflationnistes et partait du principe qu'il fallait avant tout empêcher la limitation de l'effort de guerre par des considérations d'ordre financier.

La politique de gestion des réserves-encaisse du système bancaire visait à permettre aux banques de répondre aux demandes légitimes de crédit et de satisfaire les besoins de financement direct du gouvernement, mais non à les encourager à acquérir en contrepartie un important volume de titres du public. En fait, les mesures de contrôle restreignirent la demande de biens, et l'accroissement des emprunts consacrés au financement des activité de guerre fut largement compensé par la diminution des autres catégories de concours financiers. Ainsi, la croissance des avoirs bancaires fut surtout le fait des portefeuilles de titres du gouvernement et des avances destinées à financer les achats d'Obligations de la victoire par le public. L'accroissement de ces portefeuilles bancaires de titres du gouvernement était attribuable dans une large mesure à des achats directs de certificats de dépôt spéciaux à six mois rapportant 3/4% l'an et de billets à deux ans portant intérêt à 1 1/2%.

Les réserves-encaisse furent augmentées un peu plus que ne l'exigeait le maintien du coefficient encaisse/dépôts d'avant la guerre, puisque ce dernier passa d'environ 10% avant la guerre à un peu moins de 12% en 1944. Cette politique visait, d'une part, à atténuer l'effet des fluctuations de plus en plus prononcées de la trésorerie des banques et, d'autre part, à maintenir les taux d'intérêt à un niveau peu élevé et à permettre aux banques de créer un marché d'Obligations de la victoire.

LES PLANS POUR L'APRÈS-GUERRE

Un des traits saillants de cette période troublée fut que très tôt, bien avant que l'issue du conflit n'apparût clairement, on se préoccupa de l'organisation de l'après-guerre et qu'on y consacra une attention soutenue, tout en menant parallèlement un énorme effort de guerre. Les autorités se souvenaient, sans aucun doute, de l'expérience vécue après la Première Guerre mondiale et se rendaient compte de la nécessité de préparer l'avenir pour éviter un retour à la situation des années 30. En outre, il se dessinait dans la population une tendance à attendre des pouvoirs publics un rôle de plus en plus positif dans le domaine économique.

Si les Rapports annuels de la Banque publiés au cours des premières années du conflit traitaient surtout des questions relatives au financement en temps de guerre, le Rapport de 1942 (publié en février 1943) et les suivants accordèrent également quelque attention aux problèmes qui se manifesteraient après la guerre. Le Rapport pour 1942, après une brève rétrospective de l'évolution de l'économie depuis 1939, admettait qu'on pouvait «être porté à conclure que, pour empêcher une dépression en temps de paix, il s'agirait tout simplement de maintenir à un niveau suffisant les dépenses du gouvernement pour d'autres fins». Après avoir signalé qu'une telle conclusion n'était pas justifiée, le Rapport soulignait l'importance du sentiment d'unité nationale qui faisait accepter par la population un fardeau fiscal et des entraves à la liberté qui eussent été inconcevables en temps de paix. Le Rapport concluait en ces termes :

> La guerre terminée, la force d'impulsion actuelle vers le maximum d'emploi et de production disparaîtra. Pour maintenir l'embauchage intégral en temps de paix, il faudra substituer d'autres objectifs à la volonté de gagner la guerre. D'une façon générale, on devrait viser à relever le standard de vie et à participer à l'établissement d'une économie mondiale qui fera disparaître les menaces d'une autre guerre. Cependant la mise en œuvre d'un vaste plan d'ensemble exige au préalable une considération concrète et détaillée et l'approbation des mesures spécifiques nécessaires à son exécution. Pour atteindre ces objectifs en temps de paix, une politique financière et économique appropriée peut jouer un rôle important. Mais, à mon sens, le succès exigera que le public donne à ces objectifs le même large concours qu'il apporte à nos efforts pour gagner la guerre.

Le Rapport annuel suivant (publié en 1944 avant le débarquement en Europe) abordait encore une fois les problèmes de l'après-guerre et tentait d'esquisser le visage futur du monde. Le gouverneur signalait l'ampleur de la tâche que constituerait la réinsertion, dans une économie de temps de paix, des deux millions de personnes affectées à des activités liées à la guerre, ce, d'autant plus que la production de biens à usage civil nécessitait une main-d'œuvre moins nombreuse et que le niveau de vie moyen s'était élevé. Le Rapport insistait sur le fait que la réussite de cette adaptation dépendrait dans une large mesure du volume des échanges internationaux et de la part qu'y prendrait le Canada. Le gouverneur soulignait que le Canada avait plus que tout autre pays, ou presque, intérêt à l'instauration d'un système satisfaisant de commerce international et attirait l'attention sur l'importance des projets d'accords monétaires internationaux auxquels travaillaient à l'époque les Nations Unies. Il mentionnait que les experts britanniques, américains et canadiens avaient proposé trois formules qui, malgré certaines divergences, visaient toutes le même objectif global; à savoir : «que les pays doivent s'entendre pour l'octroi de crédits sur une base collective . . . afin d'atteindre un degré raisonnable de stabilité des changes et de promouvoir les échanges de marchandises».

Ces travaux qui devaient conduire à la conférence de Bretton Woods en 1944 et à la création, dès la fin des hostilités, du Fonds monétaire international et de certains autres organismes internationaux avaient l'appui total de M. Towers et de la Banque. Les cadres supérieurs de la Banque et les hauts fonctionnaires de la Commission de contrôle du change étranger, notamment M. Rasminsky, avaient pris une part très active à la préparation des plans de coopération internationale après la guerre. (Ce sujet est étudié plus à fond au chapitre V.) La Banque prit également part aux travaux de planification de l'économie canadienne en cours dans les ministères fédéraux. Diverses mesures (par exemple, les allocations familiales, introduites en 1944) étaient à l'étude, qui visaient à assurer une certaine sécurité économique aux personnes à faible revenu. La Banque d'expansion industrielle, ancienne filiale de la Banque du Canada devenue depuis la Banque fédérale de développement, vit le jour en 1944, mais n'entra vraiment en activité qu'après la guerre; son rôle était de fournir des concours aux petites entreprises qui offraient des garanties suffisantes, mais ne pouvaient obtenir ailleurs un financement à des conditions raisonnables.

Le succès de la politique économique adoptée au Canada durant la guerre peut se mesurer à l'impression de continuité et de cohérence qui se dégage de l'histoire de cette période pendant laquelle les mesures nécessaires ont été appliquées de façon appropriée, à peu près au moment opportun. Cette réussite est attribuable en partie à la perspicacité des autorités et à la qualité de la planification, mais également à une remarquable faculté d'adaptation des responsables face à une situation mouvante. Le succès de la transition au régime de paix était en grande partie le fruit des travaux préparatoires effectués durant la guerre. Bien qu'à maints égards l'expérience acquise pendant la tourmente fût difficilement transposable à l'économie de temps de paix, la Banque, les autorités et le pays tout entier en tirèrent des leçons durables, car les événements de cette époque leur permirent d'acquérir une meilleure compréhension de la dimension et du potentiel réels de l'économie canadienne.

CHAPITRE V

La Banque du Canada pendant la période d'adaptation à l'après-guerre

Bien qu'on ne puisse la délimiter avec précision, la période d'ajustement consécutive à la fin des hostilités et qui vit la démobilisation, l'affectation des ouvriers travaillant dans les industries de guerre à des emplois de temps de paix, l'abolition des contrôles du temps de guerre et la reconversion de l'économie constitue une phase bien distincte de l'histoire économique de notre pays et de la Banque du Canada. Il avait été manifeste bien avant juin 1945 que le dénouement du conflit en Europe ne pouvait tarder; non seulement la préparation méthodique de la période d'après-guerre en était à un stade très avancé, mais les autorités avaient même pris les premières mesures de réadaptation à une conjoncture de paix. La cessation des hostilités dans la zone du Pacifique, par contre, survint plus tôt que prévu, compliquant la planification de l'après-guerre. On ne peut, naturellement, déterminer à quel moment précis s'est terminée la période de transition : certains ajustements s'effectuèrent rapidement et, après environ un an, n'eurent plus d'effet notable. Dans d'autres domaines, par contre, les répercussions de la guerre se firent sentir beaucoup plus longtemps. Au cours de la période analysée dans le présent chapitre, qui va de l'année précédant la fin de la guerre à 1948 inclusivement, les problèmes de reconstruction et de réadaptation ont très fortement influencé le profil de croissance de l'économie; cette période se termine au moment où le boom des matières premières survenu après la guerre était stimulé en partie par un accroissement des tensions internationales et commençait à s'accélérer.

---

*Publié au préalable dans la *Revue de la Banque du Canada*, livraison de novembre 1973, p. 3–17.

Certes, la planification de l'après-guerre avait atteint un stade avancé en 1944, mais l'avenir restait assez incertain. Le soulagement qu'inspirait la fin prochaine du conflit était tempéré par l'appréhension de ses suites. Le souvenir de l'expansion inflationniste qui avait suivi la guerre de 1914–1918, de la récession du début des années 20, mais surtout de la longue crise des années 30 imprégnait la pensée des autorités du pays. Tout en admettant que le risque d'explosion de la demande insatisfaite au cours de la guerre constituait une menace inflationniste, on se préoccupait surtout de savoir s'il serait possible de conserver en temps de paix l'expansion économique et les niveaux élevés d'emploi atteints au cours de la guerre. Les milieux d'affaires, tout comme le gouvernement, manifestaient le désir bien naturel de voir démanteler rapidement le cadre rigide des réglementations de guerre, qui avaient été appliquées avec rigueur; toutefois, ils craignaient en même temps les conséquences d'une abolition précipitée d'un régime qui, au cours des dernières années, était devenu partie intégrante de la structure économique de notre pays.

Pour le Canada, il n'y avait pas de doute que le développement des échanges internationaux constituerait un des principaux garants du succès de l'adaptation à l'après-guerre. Les exigences du conflit armé avaient accru davantage la vocation exportatrice de l'économie canadienne. Parallèlement, il sautait aux yeux que les pays d'outre-mer dont le territoire avait été dévasté et l'économie perturbée par suite de la conflagration avaient besoin d'aide à la reconstruction. Le problème considéré généralement comme le plus pressant était celui du financement et de l'approvisionnement, mais la contraction brutale des échanges internationaux au cours des années 30 avait fait comprendre combien il était important pour le Canada de réorganiser, une fois la paix revenue, le commerce international sur des bases durables et satisfaisantes. Bien que les pouvoirs publics eussent abordé ces problèmes avec un esprit novateur et éclairé, voire trouvé dans certains cas des solutions prometteuses, nul n'aurait osé affirmer que les plans élaborés permettraient d'atteindre leurs objectifs généraux, ni même qu'ils ouvriraient la voie à une conjoncture mondiale favorable au maintien des exportations canadiennes à un volume acceptable.

Les problèmes posés à la Banque du Canada à la fin de la guerre étaient tout aussi compliqués que ceux qu'avaient à résoudre d'autres organes du pouvoir. Avant la guerre, la politique monétaire avait poursuivi un seul but : stimuler autant que possible une économie en forte perte de vitesse. Pendant la guerre, le pays avait eu recours à diverses mesures de contrôle pour juguler l'accroissement des pressions sur l'économie, et la politique monétaire avait eu pour objectif premier d'empêcher que l'effort de guerre ne fût limité par des considérations d'ordre financier[1]. À la fin de la guerre, la Banque du Canada se trouvait devant une situation toute différente. Des ajustements très importants allaient devoir être effectués au cours de la période de transition et, même si l'on prévoyait que les mesures de contrôle ne seraient abolies que progressivement, la menace d'inflation persistait aussi longtemps que l'offre restait inférieure à la demande. Les avoirs du public sous forme de titres du gouvernement et de dépôts bancaires étaient beaucoup plus considérables qu'avant la tourmente, et l'on se demandait comment évolueraient les marchés financiers lorsque la population épargnerait moins que pendant la guerre et tenterait de satisfaire des besoins qu'elle avait dû contenir pendant le conflit, faute de biens disponibles. Visant encore plus loin, la Banque appréhendait qu'il ne se produisit une déflation une fois satisfaite de la demande de rattrapage. De nombreux problèmes se posaient également sur le plan extérieur, dont l'un des plus importants était de savoir combien de temps encore le contrôle des changes survivrait ou devrait survivre.

PRÉPARATION DE L'APRÈS-GUERRE

Avant de remplacer dans son contexte historico-économique le rôle de la Banque du Canada pendant les années qui ont suivi la fin des hostilités, il convient d'examiner, d'une part, les opinions qui avaient cours à mesure qu'on voyait approcher la fin du conflit, et d'autre part, les principales mesures prises en vue d'apporter des solutions durables aux problèmes d'après-guerre.

En avril 1945, le gouvernement publia un livre blanc, dans lequel il exposait ses vues et ses projets sur la transition à une économie de temps de paix[2]. Ce document, qui résumait toute la planification pour la période d'après-guerre, portait l'empreinte

---

[1]Voir chapitres III et IV, p. 31–47 et 49–65.

[2]*Travail et Revenu*, en ce qui a trait particulièrement à la première phase de la reconstruction (Ottawa, Imprimerie de la Reine, 1945).

des différents ministères et agences qui y avaient contribué plutôt que la marque d'un seul organisme. Pour avoir une idée plus précise de l'opinion des autorités en place à l'époque, il convient de se reporter aux Rapports annuels de la Banque du Canada pour les dernières années de la guerre et aux déclarations du gouverneur Graham Towers.

Dans le Rapport annuel de 1943, il est fait mention de «l'ampleur des ajustements auxquels le Canada devra procéder pour conserver un niveau élevé d'emploi après la guerre». Le nombre de personnes au travail, quelque 4 millions en 1939, s'élevait à la fin de 1943 à 5,1 millions, dont près de 2 millions étaient des militaires ou avaient un emploi lié à l'effort de guerre. Les ajustements nécessaires seraient, selon le rapport, «d'une ampleur sans précédent» et exigeraient «une planification audacieuse» tant de la part des pouvoirs publics que du secteur privé. M. Towers précisa ses conceptions lorsqu'il fut appelé à comparaître en 1944 devant le Comité permanent de la Chambre des communes sur la banque et le commerce. À l'occasion du renouvellement décennal des chartes des banques, même si seules des modifications d'ordre mineur allaient être apportées à la *Loi sur les banques*, le Comité décida d'étudier le Rapport annuel de 1943 et d'interroger le gouverneur. Traitant de la nécessité de la planification, M. Towers notait que la Banque n'avait «ni la compétence ni le pouvoir de formuler un programme de politiques d'après-guerre» mais que le problème méritait, vu son importance, d'être abordé dans le Rapport annuel, ce qui permettait d'approfondir la question. Précisant sa pensée, M. Towers souligna que l'économie canadienne dépendait du commerce international et qu'il importait d'appuyer au maximum «les efforts visant à développer les échanges internationaux de biens et de services par l'adoption de mesures appropriées dans le domaine des accords monétaires internationaux et dans celui de la politique commerciales». Il convenait de stimuler les investissements du secteur privé, ce qui voulait dire que le régime fiscal ne devait pas étouffer l'esprit d'initiative. Le niveau d'imposition ne devait pas nécessairement être faible, mais ne pouvait pas non plus être oppressif. Si les programmes de travaux publics avaient un rôle à jouer dans la recherche du plein emploi, leur efficacité n'en était pas moins sérieusement limitée et leur portée était probablement moindre qu'on le supposait en général. Il était essentiel d'accroître la consommation intérieure et, à cet égard, la politique fiscale ainsi que les mesures de sécurité sociale étaient d'une importance primordiale. M. Towers ajouta qu'il ne croyait pas «à une baguette magique qui, prenant la forme d'une politique financière, saurait dissiper tous nos problèmes matériels . . . Mais le fait qu'il n'existait pas de politique financière dotée de pouvoirs surnaturels ne devait pas suffire à nous empêcher d'atteindre nos objectifs». Pour conclure, tout en estimant qu'il fallait s'efforcer de financer les dépenses des programmes gouvernementaux par l'impôt, M. Towers déclara : «Je n'hésiterais pas à proposer, si les conditions l'exigeaient, qu'on ait recours dans une large mesure à une expansion monétaire provoquée délibérément par la banque centrale.»

Le thème central de la discussion qui s'ensuivit fut la question de savoir si la Banque aurait pu atténuer les répercussions financières de la guerre par une émission accrue de billets. Après avoir terminé son exposé devant le Comité, le gouverneur résuma l'essentiel de ses réponses dans un document où il soulignait que l'expansion du crédit avait contribué à rendre nécessaires les contrôles du temps de guerre. Ces mesures de contrôle et le fait que la population s'était montrée disposée à épargner avaient permis d'éviter une forte inflation. Mais la rigueur des mesures de contrôle n'était pas sans limite, et il était d'avis que c'eût été de la folie que de les rendre encore plus contraignantes. Il ne prévoyait pas qu'il se produirait après la guerre une déflation due à une contraction du volume de la monnaie, mais réitéra que, si une nouvelle expansion du crédit s'imposait après la guerre, elle aurait son appui.

C'est, bien entendu, dans le livre blanc publié par le gouvernement sous le titre *Travail et Revenu* qu'on trouve l'exposé le plus complet sur la politique d'après-guerre. Le gouvernement y déclarait que son objectif principal était «le maintien d'un niveau élevé et stable d'emploi et de revenu». Il prévoyait que des tensions continueraient de se manifester jusqu'à ce que la production de biens à usage non militaire pût être relancée et qu'il serait nécessaire de maintenir les contrôles des prix ainsi que les autres mesures anti-inflationnistes au cours de la période de transition. Dans le livre blanc, le gouvernement s'engageait d'une manière générale à pratiquer des politiques visant à un niveau élevé d'emploi et de revenus et appuyait vigoureusement, sur le plan international, la prise de mesures destinées à favoriser un essor du commerce mondial. Il proposait également un certain nombre de mesures précises ayant notamment pour objet de stimuler les exportations et de fournir une aide aux pays d'outre-mer, d'encourager les investissement en logements, en usines et en biens d'équipement, de soutenir le revenu et la consommation des ménages. Une série de dispositions précises avaient déjà été prises, notamment au chapitre de l'assistance, par l'intermédiaire de l'Administration des Nations Unies pour le secours et la reconstruction, aux pays dévastés par la guerre et l'ouverture en faveur de gouvernements étrangers de crédits destinés au financement d'exportations canadiennes. En outre, le Canada avait pris part à l'élaboration du projet de création du Fonds monétaire international et de la Banque internationale pour la reconstruction et le développement. Sur le plan national, l'année 1944 fut marquée par la promulgation d'une série de lois — entre autres la *Loi nationale sur l'habitation*, la *Loi sur les allocations familiales* et la *Loi sur la Banque d'expansion industrielle* (B.E.I.) — qui devaient tracer la voie à l'évolution future.

La Banque du Canada a, il va de soi, participé de près à la fondation de sa filiale, la Banque d'expansion industrielle; le gouverneur de la Banque du Canada était président de la B.E.I. et les deux institutions avaient pratiquement le même conseil d'administration. L'adoption, en août 1944, de la loi portant création de la B.E.I. a permis de concrétiser des idées professées depuis quelque temps déjà par un certain nombre de cadres supérieurs de la Banque désireux d'apporter une contribution positive à la reconstruction du pays après la guerre. Il y avait des lacunes, estimait-on, dans la structure du crédit à moyen ou à long terme mis à la disposition des petites ou moyennes entreprises. Les banques à charte n'octroyaient ordinairement pas de prêts de cette nature, et il n'était généralement pas possible aux entreprises de cette taille d'obtenir des capitaux sur les marchés financiers. La B.E.I. était donc toute désignée pour répondre aux besoins de crédit des petites et moyennes entreprises manufacturières, lorsque celles-ci n'arrivaient pas à se procurer des capitaux ailleurs à des conditions raisonnables.

Le projet de loi fut l'objet de quelques critiques au Parlement, mais la discussion donna lieu à des déclarations teintées de scepticisme et à des questions plutôt qu'à une opposition réelle. Certains députés furent d'avis qu'il ne convenait peut-être pas que la B.E.I. fût une filiale de la Banque du Canada, vu que les cadres supérieurs de la Banque n'avaient pas d'expérience dans le domaine des petits prêts et que cette charge supplémentaire les obligerait peut-être à négliger leurs fonctions principales. D'aucuns critiquèrent ce qu'ils considéraient comme une intrusion des pouvoirs publics dans le secteur privé; d'autres estimèrent que les opérations de prêt seraient trop centralisées ou que les dispositions de la Loi favorisaient les industries manufacturières au détriment des autres secteurs de l'économie. Le nouvel établissement serait, leur répondit-on, pourvu d'un directeur général et d'un personnel spécialisé indépendants, et il implanterait des succursales dans tout le pays. Le gouvernement préparait également des plans à l'intention des secteurs économiques qui n'entraient pas dans le domaine des activités de la B.E.I..

La *Loi sur la Banque d'expansion industrielle* fut promulguée le 30 septembre 1944 et l'article autorisant celle-ci à effectuer des opérations de crédit, le 1er novembre. Au fil des ans, la B.E.I. a élargi son champ d'activités à d'autres secteurs de l'économie et en est arrivée à jouer auprès des petites entreprises un rôle important de bailleur de fonds et de conseil. Au 30 septembre 1973, l'encours de ses prêts s'élevait à 730 millions de dollars, contre 3,2 millions pendant le premier exercice annuel. (La B.E.I. est toujours rattachée à la Banque du Canada, mais le gouvernement a rendu public récemment un projet de création d'une nouvelle société de la Couronne, qui reprendra les fonctions de la B.E.I.)

Au début de la période d'après-guerre, le problème des relations financières entre le Dominion et les provinces se trouva de nouveau porté au premier plan des préoccupations. L'échec de la Conférence de 1941 sur les recommandations du Rapport Rowell-Sirois fut suivi d'accords conclus entre le gouvernement fédéral et les provinces pendant la guerre, lesquels furent prorogés jusqu'à la fin de 1946. Au début de cette année-là fut tenue une conférence à laquelle participèrent, comme par le passé, un certain nombre de cadres supérieurs de la Banque. Le gouverneur de la Banque, M. Towers, siégea comme conseiller des représentants de l'État et le conseiller aux Recherches, M. Alex Skelton, comme secrétaire, tous deux occupant ainsi les même fonctions qu'à la Conférence de 1941.

Dans une perspective à long terme, le gouvernement fédéral présenta un certain nombre de propositions générales visant à promouvoir un haut niveau d'emploi. Se réservant toujours l'imposition du revenu des particuliers et des sociétés en contrepartie de redevances annuelles aux provinces, le gouvernement fédéral préconisait à la fois la conclusion de nouvelles ententes fiscales, des mesures visant à un net élargissement du régime de sécurité sociale ainsi qu'un programme de travaux publics anticyclique. Toutefois, il se révéla impossible d'arriver à un compromis acceptable; des ententes fiscales purent par la suite être conclues avec quelques provinces, mais on renonça provisoirement aux deux autres recommandations. Un grand nombre de suggestions faites à cette époque finirent par être adoptées dans un contexte différent.

En même temps que le gouvernement canadien traitait ces problèmes sur le plan intérieur, il prenait une part active aux efforts internationaux visant à jeter les bases de la coopération économique pour le lendemain de la guerre. Les premiers entretiens officiels, engagés en 1943, portaient sur le projet d'un organisme monétaire international. On espérait que la mise sur pied de mécanismes permettant d'accorder des prêts aux pays dont la balance des paiements accusait des difficultés temporaires garantirait une stabilité raisonnable des changes et encouragerait les membres à ne pas adopter de pratiques discriminatoires; on pensait qu'il s'ensuivrait d'autres mesures visant à une réduction des barrières entre pays et à un accroissement du commerce et des investissements internationaux.

Vers le début de 1946, un nombre suffisant de pays avait ratifié l'accord, signé en 1944 à la Conférence de Bretton Woods, sur la création du Fonds monétaire international (F.M.I.) et de la Banque internationale pour la reconstruction et le développement (B.I.R.D.), ce qui permit de procéder à la mise sur pied de ces deux organismes. Dans l'intervalle, les pays entamèrent des négociations sur l'élaboration de normes devant régir le commerce international, ainsi que sur l'abaissement des barrières douanières. Si les projets de création d'une organisation du commerce international qui servirent de prélude aux négociations ne furent pas ratifiés par les États-Unis, la première réduction multilatérale d'après-guerre des tarifs douaniers vit le jour en 1948, dans le cadre de l'Accord général sur les tarifs douaniers et le commerce (le GATT).

Des cadres supérieurs de la Banque du Canada contribuèrent activement à nombre de ces négociations, particulièrement à celles qui sont à l'origine du F.M.I. et de la B.I.R.D.. Tant à la Conférence de Bretton Woods qu'à l'occasion des long pourparlers antérieurs à celle-ci, le Canada joua un rôle important de médiateur dans la recherche d'un compromis entre les positions anglaises et américaines. MM. Graham Towers, gouverneur de la Banque, et Louis Rasminsky, à l'époque président de la Commission de contrôle du change étranger, participèrent de près aux délibérations et apportèrent une contribution dynamique à l'élaboration des grandes décisions prises par ces institutions à mesure qu'elles recevaient leur forme définitive. M. Rasminsky occupa à Bretton Woods les fonctions du président du *Comité de rédacteurs de la Commission I* chargé des travaux relatifs au Fonds.

LE CONTEXTE INTERNATIONAL

Dans l'ensemble, la transition à une économie de paix a été plus douce et plus rapide que prévu. Il se produisit en 1946 un bref fléchissement de la production et une certaine accentuation du chômage, mais l'un et l'autre furent relativement modérés et suivis par une période de croissance économique qui s'est prolongée jusqu'en 1949. Il ne faut pas en déduire que le Canada se trouva au cours de cette période à l'abri de tout problème sérieux. À l'étranger, on nota un certain nombre d'événements imprévus dont les effets au Canada, en plus de créer une atmosphère d'inquiétude, nécessitèrent certains changements radicaux de notre politique. Si la planification de l'après-guerre s'était principalement limitée à parer au risque de déflation, ce fut en fait le climat fortement inflationniste, résultant surtout de pressions d'origine extérieure, qui souleva le plus de problèmes durant la plus grande partie de la période.

La cessation soudaine des hostilités dans la zone du Pacifique bouleversa la planification de l'après-guerre; la mise en place des nouvelles structures internationales d'un monde transformé par de dures épreuves dut s'effectuer au moment même où la paix provoquait à son tour des problèmes brûlants. Le cessez-le-feu entraîna la fin du programme complexe d'aide mutuelle et supprima la raison d'être de l'appui fourni aux pays alliés dévastés par la guerre. Le Canada et les États-Unis durent, sans perdre de temps, prendre des mesures pour assurer la constance de l'approvisionnement en denrées alimentaires et autres produits essentiels. Dans cet ordre d'idées, les États-Unis ouvrirent d'importants crédits à la Grande-Bretagne et à d'autres pays alliés. Le Canada prit des mesures similaires, octroyant des prêts d'un montant total de plus de 1,8 milliard de dollars. Bien qu'aucune période spécifique ne fut prévue pour l'utilisation de ces crédits, on s'attendait à ce qu'ils suffisent à couvrir les besoins des pays bénéficiaires jusqu'en 1950. De toute évidence, les réserves de change du Canada allaient baisser, mais leur niveau sensiblement plus élevé qu'avant la guerre permettait l'adoption d'une politique qui aiderait les pays alliés à reconstruire leur économie dévastée, tout en permettant au Canada de conserver un volume raisonnable d'exportations.

Il n'y avait guère de raisons de modifier ces prévisions au cours des premiers mois de 1946. Dans l'intervalle, il était devenu manifeste que le contrôle des prix serait bientôt aboli aux États-Unis. Effectivement, les pouvoirs de l'*Office of Price Administration* ne furent pas renouvelés au début de juillet et, même si certaines mesures furent temporairement rétablies, le programme cessa pratiquement d'exister en octobre.

Le 5 juillet 1946, le dollar canadien, qui, pendant toute la durée de la guerre, avait accusé une décote de 9% par rapport au dollar américain, fut réévalué; cette mesure qui établissait la parité entre le dollar canadien et le dollar américain se justifiait par un certain nombre de considérations. Les réserves de change s'étaient accrues de 250 millions de dollars et totalisaient 1,7 milliard à la fin de mai. Dans l'ensemble, le contrôle des prix s'était révélé plus efficace au Canada qu'aux États-Unis de sorte que le dollar canadien se trouvait sous-évalué par rapport au dollar É.-U. La réévaluation atténuerait l'incidence au Canada d'une éventuelle hausse des prix aux États-Unis consécutive à l'extinction des contrôles, ce qui diminuerait les pressions sur les mécanismes de régulation des prix restés en vigueur dans notre pays.

Il s'était à peine passé un mois depuis la réévaluation du dollar canadien que la balance canadienne des paiements commença à donner des signes de détérioration marquée. À peu près à la même époque, toute la question du contrôle des changes fut remise sur le tapis au Parlement. La période d'application des mesures de contrôle tirait à sa fin, et le gouvernement proposa de la proroger par l'adoption d'une nouvelle loi. Ce projet donna matière à de nombreuses discussions sur la nécessité du maintien des contrôles. M. Towers se présenta devant le Comité sénatorial sur la banque et le commerce et répondit aux questions des membres par un plaidoyer en faveur du projet de loi. Selon lui, la balance des paiements était en train de se dégrader, et les contrôles étaient indispensables. Lors de la promulgation de la loi, cette détérioration était déjà devenue manifeste.

À la fin de 1946, les réserves de change avaient diminué de plus de 400 millions de dollars. Le fléchissement s'accéléra en 1947, année où les réserves subirent, de janvier à novembre, une ponction de 765 millions, tombant même à un moment donné à moins de 400 millions. Cette contraction des réserves résultait surtout du déséquilibre marquant des comptes internationaux du Canada, attribuable lui-même à un accroissement des importations au comptant et au fort volume d'exportations à crédit. Si une certaine baisse des réserves par suite de l'octroi de crédits à des pays alliés n'était pas imprévue, on ne s'était pas imaginé que le plus clair de ces crédits serait déjà utilisé à la fin de 1947. En fait, l'ampleur des besoins de l'Europe occidentale avait été bien supérieure aux prévisions. Qui plus est, la reprise de la production dans cette partie du monde fut sérieusement entravée par l'hiver exceptionnellement rigoureux de 1946–1947, et, aux États-Unis, l'expiration du contrôle des prix se traduisit par une hausse rapide des prix. De ce fait, les crédits canadiens et américains furent utilisés beaucoup plus rapidement que prévu. Parallèlement, les développements survenus en Europe et aux États-Unis eurent des répercussions inattendues sur les importations au Canada. Le volume des importations en provenance des États-Unis augmenta vivement en raison notamment du faible niveau de l'offre dans les autres pays; de plus, l'escalade des prix chez nos voisins du Sud entraîna un renchérissement sensible de ces importations.

Le contrôle des changes fut graduellement renforcé au cours de l'année 1947 et, pendant un certain temps, fut même plus strict que pendant la guerre. Vers la fin de 1947, il était devenu évident que la conservation des réserves en dollars exigeait la mise en œuvre au Canada de mesures plus énergiques. Aussi le gouvernement décida-t-il, au début de décembre, de contingenter ou de restreindre l'importation d'un grand nombre de produits et même d'interdire complètement l'entrée de quelques biens de consommation. Le Canada obtint une ligne de crédit de l'*Export-Import Bank* américaine et soumit à des restrictions les tirages sur les crédits ouverts au Royaume-Uni. La Banque du Canada contribua activement à l'élaboration de ces mesures. Il va sans dire que la Commission de contrôle du change étranger participait directement et de diverses façons à cette lutte pour le renforcement de la balance des paiements; les liens entre la Commission et la Banque s'étaient encore resserrés, et, vers cette époque, le gros de son personnel fut muté à la Banque.

Le renversement de la balance canadienne des paiements ne se fit pas longtemps attendre. Après quelques mois, les réserves de change commencèrent à se reconstituer : à la fin de 1948, elles atteignaient déjà le milliard de dollars. En un laps de temps relativement court, il devint possible d'assouplir progressivement les mesures de restriction à l'importation et d'atténuer le contrôle des changes. On ne saurait énumérer ici tous les facteurs qui on joué en faveur de cette amélioration, mais le plus important d'entre eux a été l'aide américaine à l'Europe. Le Programme de relèvement européen, mieux connu sous le nom de Plan Marshall, entra en vigueur en avril 1948. Sans cette généreuse initiative des États-Unis, les pays d'Europe occidentale auraient dû procéder à une réduction draconienne de leurs importations en provenance de la zone dollar, et leur reprise économique eût été beaucoup plus lente. Les Rapports annuels pour 1948 de la Banque du Canada et de la Commission de contrôle du change étranger soulignèrent tous deux l'importance de ce programme pour le Canada; en effet, l'aide américaine aux pays de l'Europe occidentale permit à ces derniers de régler au comptant les importations de denrées essentielles en provenance du Canada.

LA POLITIQUE MONÉTAIRE

La fin de la guerre et la transition vers une économie de temps de paix formaient pour la Banque du Canada un cadre foncièrement différent de tous ceux dans lesquels elle avait jamais évolué auparavant. Dans un délai beaucoup plus court que prévu, la réglementation du temps de guerre (à l'exclusion du contrôle des changes) fut abolie[3], et la Banque put reprendre ses responsabilités normales en matière de politique monétaire. Toutefois, si dans les années 30 les autorités s'étaient surtout préoccupées d'assurer un accroissement de l'emploi, la conjoncture de l'époque qui fait l'objet de la présente analyse était, par contre, caractérisée par ce qu'on est convenu d'appeler le plein emploi et par un climat de très fortes tensions inflationnistes. La demande de biens de consommation et les dépenses d'investissement, qui avaient été contenues durant la guerre, enregistraient sous la poussée d'une épargne abondante une progression rapide, tandis que les prix grimpaient au Canada dans le sillage des prix américains. Pourtant, on n'était guère fixé, à l'époque, sur la vigueur ni sur la persistance de ces pressions, craignant toujours l'apparition de la déflation une fois achevée la reconversion de l'industrie et satisfaite la demande accumulée. Par ailleurs, on ignorait si les problèmes imputables au contexte international pourraient être résolus sans mettre en danger les exportations canadiennes. En général, l'expérience de l'entre-deux-guerres marquait encore profondément les esprits. Le boom des années 20 avait constitué, sauf exceptions, un phénomène boursier plutôt qu'un réel essor, et avait été suivi au cours des années 30 par une ère de stagnation et de recul qui ne s'était terminée qu'avec la guerre.

En l'occurrence, au Canada tout comme aux États-Unis et en Grande-Bretagne, les conceptions en matière de politique monétaire à la fin de la guerre, nul ne s'en étonnera, reflétaient l'appréhension d'une transition difficile et la crainte du chômage. En février 1944, la Banque du Canada porta son taux d'escompte de 2 1/2 à 1 1/2%. Se référant à cette réduction, le gouverneur de la Banque faisait remarquer dans son Rapport annuel pour 1943 que le moment était venu de penser aux problèmes économiques qui se poseraient au lendemain de la guerre.

> Un des éléments de décision, disait-il, est l'évolution présumée du prix de l'argent. Il semble donc opportun que la Banque, en abaissant son taux d'escompte, manifeste son intention de

[3]En avril 1947, les mesures de contrôle avaient presque toutes été abolies. M. Donald Gordon reprit ses fonctions de sous-gouverneur à la Banque du Canada après avoir été pendant environ cinq ans président de la Commission des prix et du commerce en temps de guerre.

> poursuivre une politique monétaire du genre de celle qui a porté le loyer de l'argent à son niveau actuel. Une politique visant à relever les taux d'intérêt ne serait compréhensible que si, la pénurie du temps de guerre passée, les dépenses de consommation et d'investissement devaient atteindre un rythme qui dépasserait les ressources de notre appareil de production. Je ne prévois pas qu'une telle situation se dessine, qui justifierait une politique de relèvement des taux d'intérêt.
>
> Bien entendu, le loyer de l'argent n'est qu'un seul des nombreux facteurs de la conjoncture économique au Canada et n'a, comme instrument de contrôle, probablement pas l'importance qu'on lui accordait autrefois. Il n'en demeure pas moins vrai que la perspective d'une instabilité des taux d'intérêt pourrait compliquer excessivement la formulation des projets à long terme des entreprises. En outre, une hausse des taux d'intérêt entraverait le flot des nouveaux investissements en usines, en biens d'équipement et en logements, freinerait l'expansion de l'emploi et compliquerait sérieusement le financement des besoins du gouvernement.

En réduisant son taux d'escompte à ce moment-là, la Banque voulait signaler son intention de mener après la guerre une politique d'argent bon marché et dissiper la crainte d'une répétition de l'effondrement du cours des obligations qui s'était produit après la Première Guerre mondiale. Le public avait accumulé des liquidités considérables au cours du dernier conflit; au 31 mars 1946, ses avoirs en titres du gouvernement avaient triplé et ses dépôts bancaires plus que doublé par rapport à leur niveau d'avant la guerre. Au bilan des banques à charte, la contrepartie de l'accroissement des dépôts se retrouvait principalement dans leurs portefeuilles de titres du gouvernement, car les prêts bancaires, pour leur part, n'avaient que légèrement augmenté. La progression considérable de la dette publique indiquait que sa gestion avait acquis beaucoup plus d'importance que par le passé.

En l'occurrence, l'expansion économique des premières années d'après-guerre reposait sur des fondements beaucoup plus solides qu'on ne le réalisait à l'époque. La vigueur fondamentale de la demande des ménages fut bien plus forte que prévu et, à la faveur de l'essor de la demande aux États-Unis, les dépenses d'investissement, particulièrement dans la forêt et l'industrie extractive, commencèrent à progresser, après avoir connu près de deux décennies de stagnation. En 1947, à l'époque des premières découvertes de grands gisements de pétrole dans l'Ouest du Canada, les signes avant-coureurs d'une expansion substantielle de l'industrie des richesses naturelles du Canada se faisaient sentir, quoique cette industrie n'eût pas encore atteint le plein épanouissement qui lui était promis.

Bien que les principales pressions sur les prix fussent d'origine étrangère, l'accélération de l'activité économique en 1946 et en 1947 contribua à aggraver le climat inflationniste. Du milieu de 1946 à la fin de 1947, l'indice des prix de gros augmenta de 34 points et l'indice du coût de la vie, de 18. Ces hausses étaient dans une large mesure inévitables, compte tenu de la flambée encore plus spectaculaire des prix aux États-Unis, mais elles n'en constituèrent pas moins un sérieux motif de préoccupation. Les prix continuèrent de grimper au Canada en 1948, alors qu'ils plafonnaient aux États-Unis, ce qui s'explique par le niveau moins élevé des prix au Canada, où les mesures de contrôle avaient été abolies par étapes.

Malgré la vigueur de l'expansion et la crainte de l'inflation, on ne se rendit que très lentement compte, au Canada et dans la plupart des autres pays, que la situation s'était fondamentalement modifiée par rapport aux années d'avant-guerre. La politique de la Banque du Canada fut dans l'ensemble semblable à celle des États-Unis et de la Grande-Bretagne. L'objectif était de limiter la croissance des réserves-encaisse des banques et de restreindre l'utilisation du crédit bancaire, sans pour autant créer un climat d'incertitude sur le marché des obligations. Lors de la révision de la *Loi sur les banques* en 1954, M. Towers, en passant en revue la politique monétaire d'après-guerre, faisait remarquer qu'«en certaines circonstances les deux buts précités ressemblaient à une paire de chevaux qu'on ne peut conduire sous un même attelage». Il souligna également qu'«on semblait s'inquiéter avant tout d'assurer au cours des obligations et au loyer de l'argent une stabilité raisonnable». Comme dans les autres pays, cette préoccupation se traduisit pendant presque toute la période par des taux d'intérêt peu élevés et stables.

Au cours de l'année qui suivit la fin de la guerre, le public réalisa une partie de ses avoirs en obligations du gouvernement, ce qui eut pour résultat d'accroître encore les dépôts bancaires. Parallèlement, le gouvernement se trouva en mesure, à la faveur d'un excédent budgétaire, de racheter aux banques un certain volume des certificats de dépôt qu'il avait émis pour financer l'effort de guerre. La demande de crédit étant encore assez limité, les banques se constituèrent un portefeuille d'obligations à assez long terme et à taux de rendement plus élevé du gouvernement, élargissant ainsi leurs marges bénéficiaires. En mai 1946, elles consentirent à limiter ces portefeuilles à un maximum de 90% de leurs dépôts d'épargne personnelle en dollars canadiens. En outre, les banques convinrent que le revenu de ces portefeuilles ne devait pas excéder le coût total d'exploitation de leur service des comptes d'épargne, augmenté d'une marge bénéficiaire modique. En fait, le plafond fixé aux avoirs en titres du gouvernement n'eut guère d'effet, car les banques ne tardèrent pas à accroître le volume de leurs prêts, tandis que les dépôts d'épargne continuaient de progresser.

En 1947, il devint de plus en plus évident que les prix étaient l'objet d'une forte pression à la hausse et que l'activité économique marquait une accélération. Les avoirs des banques à charte en fonds d'État décrurent, en grande partie, par suite du remboursement de certains titres du gouvernement et de ce qui restait des certificats de dépôt. Les prêts bancaires accusèrent à la même époque une très nette expansion, imputable pour partie à un financement accru des stocks. Bien qu'une forte croissance du financement bancaire eût été prévisible dans ces circonstances, on commença à s'inquiéter du fait que les banques prenaient de plus en plus l'habitude d'accorder des prêts à terme aux entreprises en leur achetant des débentures à remboursement échelonné. Ce genre d'opération se répandit en 1947, et, début 1948, il devenait clair que les entreprises avaient l'intention d'accroître de nouveau leurs investissements, ce qui ne manquerait pas de provoquer une pression sur les disponibilités en main-d'œuvre et en matériel.

Entre-temps, au début de 1948, il avait été décidé de laisser descendre quelque peu le cours des obligations. Vers la fin de 1947, le volume des émissions s'était assez considérablement amplifié, en partie par suite des besoins accrus de financement du public et de l'effet psychologique d'un mouvement à la hausse des taux de rendement aux États-Unis. Par ailleurs, tandis qu'en 1947 l'épuisement des réserves de change s'était traduit par un accroissement considérable des disponibilités pouvant être affectées à l'amortissement de la dette, la reconstitution des réserves de change en 1948 contribuerait à réduire le surplus budgétaire. Les fonds publics à long terme enregistrèrent une baisse assez brutale au cours des deux premiers mois de l'année. Toutefois, l'instabilité du marché obligataire amena la Banque à atténuer sa politique de réduction des coefficients de réserves-encaisse des banques à charte, adoptée en 1947. La Banque publia également à la fin de février un communiqué dans lequel elle notait : «Le changement dans les taux d'intérêt ne semble pas hors de proportion dans les circonstances . . . La Banque n'est pas en faveur d'une hausse drastique des taux d'intérêt».

La tendance conjoncturelle en ce début de 1948 fit l'objet d'un entretien entre le gouverneur et les représentants des banques à charte. Le principal sujet de préoccupation, de l'avis du gouverneur, était le taux de croissance des prêts bancaires. Il était manifeste que si les banques voulaient satisfaire la demande de crédit, elles se verraient obligées de réaliser des obligations du gouvernement. Par conséquent, «la Banque du Canada laissa entendre aux banques à charte qu'il n'était guère souhaitable, vu les circonstances, de financer des immobilisations par une expansion du crédit bancaire . . . Il serait préférable pour les emprunteurs d'obtenir ces fonds par la vente de titres au public, sauf dans le cas de certains emprunteurs, des petites entreprises particulièrement, pour lesquelles une émission publique ne constituerait pas un moyen de financement approprié.» Le rythme de croissance des prêts et des placements bancaires (autres que les titres du gouvernement canadien), antérieurement très rapide, se ralentit considérablement en 1948, et l'adoption de la politique mentionnée ci-dessus se solda par une augmentation nette des portefeuilles de titres du gouvernement détenus par les banques à charte.

Le troisième septennat du gouverneur Towers débuta en septembre 1948. Il convient peut-être de conclure cette étude du rôle de la Banque du Canada au lendemain de la guerre par un extrait d'une déclaration faite en 1954, dans laquelle le gouverneur procédait à un examen rétrospectif de la politique monétaire des années 1946 à 1953 :

> Étant donné qu'il n'y avait pour ainsi dire pas de ressources inemployées au Canada durant ces années, on peut affirmer que toute demande supérieure de fonds aurait surtout provoqué une plus forte hausse des prix et n'aurait entraîné qu'un léger accroissement de la production. Par contre, la hausse des prix au Canada

n'aurait probablement pas pu être jugulée beaucoup plus efficacement qu'aux États-Unis si ce n'est au détriment d'une proportion notable de la progression de notre production. S'il en est ainsi, le Canada a pratiquement réussi à combiner le meilleur de deux mondes, c'est-à-dire une augmentation pour ainsi dire maximale de la production, conjuguée à une hausse des prix pour ainsi dire minimale, compte tenu de la flambée aux États-Unis et sur les marchés internationaux.

CHAPITRE VI

La Banque du Canada de 1948 à 1952 : le tournant

Les chapitres précédents traitaient chacun d'une étape relativement caractéristique de l'histoire de l'institut d'émission au Canada et bénéficiaient de ce fait d'une unité naturelle. Dorénavant, il n'en sera plus ainsi. Si bien des jalons furent posés au cours des années qui suivirent, ils ne constituèrent plus les points de repère comparables aux événements historiques qui avaient marqué les années précédentes. La période que nous étudierons dans le présent chapitre s'étend des derniers mois de 1948 à la fin de 1952. Ces dates ne représentent toutefois que des limites approximatives.

Dans un certain sens, ces années se trouvent à la charnière de deux époques, celle des quinze premières années d'existence de la Banque et celle où elle avait un autre rôle à jouer dans le contexte économique nouveau de l'après-guerre. Au début de cette dernière période, les problèmes les plus pressants d'ajustement à l'après-guerre perdaient progressivement de leur acuité, et l'économie, tournant de nouveau à un rythme de temps de paix, était en expansion. Au cours des années suivantes, en particulier après le déclenchement en juin 1950 de la guerre de Corée, qui pourtant provoqua également des perturbations, s'amorce une nouvelle et dynamique ère de développement économique. À la fin de la période, les forces qui allaient façonner la croissance économique des années à venir se manifestaient déjà clairement, et, si les tracas et les difficultés qui en résulteraient pour la Banque étaient moins évidents, on commençait quand même à les discerner.

C'est à cette époque que la Banque commença à jouer pleinement son rôle en matière de politique monétaire. Certes, les

---

*Publié au préalable dans la *Revue de la Banque du Canada*, livraison de novembre 1974, p. 3–17.

pressions inflationnistes imputables à la guerre de Corée y contribuèrent beaucoup, mais on ne saurait passer sous silence la sensation de plus en plus nette que le contexte économique s'était notablement modifié. À mesure que l'expansion d'après-guerre se consolidait et que s'accroissaient les tensions engendrées par la guerre froide, il devint manifeste que, contrairement à ce qui s'était produit dans le passé, les pouvoirs anti-inflationnistes de la Banque allaient probablement être soumis à rude épreuve. La Banque en fut poussée à réexaminer les moyens dont elle disposait à l'époque pour assurer une mise en œuvre efficace de ses politiques, à réétudier en particulier la nécessité de doter le pays d'un marché financier plus large dans lequel elle pourrait mener à bien ses opérations. En conséquence, au début de la période que nous examinerons dans le prochain chapitre, elle mit en œuvre un train de mesures destinées à assurer le développement d'un véritable marché monétaire au Canada. Elle consacra aussi des ressources considérables au perfectionnement de ses instruments d'analyse, ce qui entraîna une nette expansion des départements en cause.

LE CONTEXTE ÉCONOMIQUE

Si nous voulons situer dans leur contexte les problèmes affrontés par la Banque de 1948 à 1952, il importe de comprendre les forces complexes qui influaient sur l'économie à l'époque. À la fin des années 40, il semblait raisonnable d'espérer que le Canada allait connaître une période de stabilité relative. Le rythme de hausse des prix s'était sensiblement ralenti et il semblait que le pire de la poussée inflationniste d'après-guerre était passé. Parallèlement, un rétablissement marqué de la balance des paiements du Canada avait permis une atténuation progressive des mesures prises en 1947 en réaction à la chute brutale des réserves d'or et de devises du pays.

Le Rapport annuel de la Banque pour 1949 souligne qu'un des aspects les plus notables de l'évolution de l'année était la forte divergence des conjonctures économiques américaine et canadienne : «En général, le Canada n'a pas beaucoup souffert de la régression assez prononcée qui s'est produite aux États-Unis au cours de la première partie de 1949. Pendant cette période, l'indice saisonnièrement ajusté de la production industrielle a baissé de 12%

aux États-Unis tandis que l'indice canadien a monté légèrement.» Selon le Rapport, cette divergence pouvait s'expliquer en partie par le fait que la récession aux États-Unis provenait d'un processus d'ajustement des stocks et n'avait presque pas d'effet d'entraînement hors de ce domaine. Au Canada, un certain nombre de facteurs spécifiques contribuaient au maintien du niveau de production : par suite de l'application de contrôles plus efficaces, la demande accumulée pendant la guerre avait pu s'étaler sur une plus longue période que chez nos voisins, tandis que la demande des ménages venait d'être stimulée au début de l'année par la restitution des impôts de guerre remboursables et par une diminution de l'impôt sur le revenu. Un autre facteur de stimulation pour l'économie était la découverte récente de nouvelles richesses naturelles.

En fin de compte, la récession aux États-Unis fut seulement bénigne et courte, l'activité économique commençant à se rétablir dans les derniers mois de 1949 et enregistrant une reprise marquée pendant le premier semestre de 1950. Toutefois, le souvenir des années 30 restait vivace et l'on craignait que cette récession ne fût le prélude à une dépression plus grave. Le rythme de l'activité économique au Canada ne crût que faiblement au second semestre de 1949, tandis que le taux de chômage, qui avait été minime il est vrai, accusait une hausse. En septembre, le Royaume-Uni dévalua la livre sterling de 30,5% par rapport au dollar américain et d'autres pays d'outre-mer procédèrent à un rajustement majeur des parités de leur monnaie. Vu les conséquences prévisibles de ces modifications sur le commerce extérieur et la balance des paiements du Canada, il fut décidé de dévaluer le dollar canadien d'environ 9,1% par rapport au dollar américain.

En fait, la forte reprise qui se manifesta aux États-Unis pendant les premiers mois de 1950 entraîna une accélération de la croissance économique au Canada. La production industrielle enregistra une vive progression, le secteur de la mise en valeur des richesses naturelles, en particulier, profitant du raffermissement de la demande aux États-Unis et du niveau accru, depuis la guerre, des activités de recherche et d'exploration.

C'est pourquoi lorsque la guerre de Corée débuta en juin 1950, le Canada et les États-Unis affichaient déjà un niveau élevé d'activité économique. Les événements qui suivirent eurent pour effet de ranimer les tensions inflationnistes et de placer les autorités devant des problèmes pressants. Comme nous le verrons dans les pages suivantes, les premières difficultés surgirent à la suite d'un afflux massif de capitaux au cours de l'été 1950. La Banque décida de laisser flotter le dollar canadien à partir du 1er octobre, ce qui lui facilita grandement la tâche dans les efforts qu'elle déployait pour juguler la forte expansion du crédit occasionnée par la guerre.

Bien que le Canada fût moins engagé que les États-Unis dans la guerre de Corée, ce conflit eut des répercussions importantes sur l'économie canadienne. Celles-ci résultèrent en partie de l'aspect plus menaçant que l'ouverture des hostilités avait donné à la détérioration des relations entre le monde occidental et le bloc communiste. Les programmes de défense furent considérablement renforcés, et, à la faveur de la croissance rapide de la demande de métaux et de matières premières, il y eut un boom des investissements dans les industries d'exploitation des richesses naturelles au Canada. Pendant quelques années, l'essor de ce secteur contribua grandement à la croissance rapide de notre économie. Toute cette période fut également caractérisée par une vive progression des investissements dans le secteur du pétrole et du gaz naturel dans les Prairies, coïncidant avec la confirmation de l'ampleur des gisements découverts. Au Québec et au Labrador, on développait l'extraction du minérai de fer. Des moyens considérables furent consacrés à l'expansion de la production d'aluminium, de nickel et de certains autres métaux. Les investissements dans les industries de la forêt marquèrent également une hausse sensible. Cette vague de mises en exploitation des richesses naturelles s'accompagna d'un essor du secteur de l'énergie hydro-électrique, d'une extension du réseau de voies ferrées, ainsi que d'un renforcement de l'infrastructure industrielle.

À cette époque, l'essor des industries d'exploitation des ressources naturelles n'était que partiellement lié à l'augmentation des besoins des États-Unis au titre de la défense et des réserves stratégiques. En fait, les considérations de défense eurent une influence encore beaucoup plus déterminante. La guerre froide et ses incertitudes politiques amenèrent les États-Unis à considérer le Canada comme une source d'approvisionnement préférable à d'autres plus éloignées et moins assurées. En outre, on ne tarda pas à se rendre compte, d'une part, que les États-Unis devenaient de plus en plus tributaires de l'étranger pour leur approvisionnement en nombre de matières premières importantes et, d'autre part, que les besoins en matières premières de l'Europe augmenteraient à mesure que la production dans cette partie du monde prendrait de l'ampleur. Tous ces éléments firent considérer la mise en valeur des ressources naturelles au Canada comme une opération remplie de promesses. Cette opinion fut confirmée par les travaux de la Commission Paley aux États-Unis et par les prévisions, contenues dans son rapport publié en 1952, d'une forte progression des besoins américains.

Le vaste programme d'exploitation des ressources naturelles n'était pas seul à stimuler l'économie nationale. La progression des dépenses affectées à la protection du pays ainsi que le fort volume des investissements en installations militaires, en particulier la construction de réseaux radars de pré-alerte, constituèrent des sources de pressions supplémentaires. Autres facteurs importants, quoique moins aisés à discerner, qui contribuaient au dynamisme de la conjoncture économique de cette époque : l'accroissement rapide de la population canadienne, attribuable à la fois au boom des naissances qui suivit la fin de la guerre et à l'augmentation de l'immigration, et la diversification croissante de l'économie.

Si l'action conjuguée de tous ces stimulants a été à l'origine d'une période de croissance rapide de l'économie canadienne, elle traînait également dans son sillage de graves problèmes d'inflation. Au départ, la pression provenait du fait qu'on escomptait généralement, au Canada comme aux États-Unis, que la très forte augmentation des budgets de défense allait conduire à des pénuries et à des hausses de prix. Il en résulta une vague d'achats de précaution, non seulement de la part des entreprises et des pouvoirs publics, qui visaient à constituer des stocks, mais aussi de la part des ménages qui cherchaient à activer leurs achats, particulièrement de biens de consommation durables. Les prix de certains produits de base négociés sur les marchés internationaux augmentèrent considérablement, et, généralement parlant, les prix de gros et les prix à la consommation accusèrent une hausse sensible. Toutefois, chez nos voisins du Sud comme chez nous, suite à une forte augmentation de la production et à des retards dans la mise en œuvre des programmes de défense, l'offre se situa à un niveau plus élevé que prévu. En conséquence, le premier stade de l'évolution conjoncturelle déterminée par le déclenchement de la guerre de Corée prit fin au cours du premier semestre de 1951. Le rythme des achats diminua, et la conjoncture économique cessa d'évoluer sous la menace de pénuries, même si les pressions sur l'économie ne cessèrent pas pour autant, à cause de l'augmentation des besoins en biens d'équipement ou de défense. Les prix des produits de base s'infléchirent à l'été de 1951 et les pressions inflationnistes s'atténuèrent au début de 1952. L'économie canadienne, comme d'ailleurs celle des États-Unis, continua de progresser durant toute l'année 1952, mais la tendance à la hausse des prix se modéra considérablement.

Il est intéressant de noter que si l'expansion se poursuivit presque sans interruption de 1950 jusqu'au milieu de la décennie, la tendance inflationniste ne reprit de la vigueur, avec une intensité d'ailleurs bien moins grande qu'au lendemain de la guerre de Corée, qu'un peu avant la fin de cette période. Si les forces qui stimulaient l'économie étaient puissantes, celle-ci eut néanmoins à compter avec diverses influences restrictives qui eurent pour effet de modérer une croissance, dynamique certes, mais moindre qu'on n'aurait pu l'espérer. En partie à cause des expériences vécues pendant les années 30 et la guerre mondiale, cette croissance n'engendra pas un optimisme comparable à celui qui avait caractérisé les précédentes périodes d'essor économique. De plus, la guerre froide contribuait au maintien d'un climat d'incertitude. D'autres facteurs particuliers jouaient aussi dans le sens d'une modération de l'expansion, notamment la découverte vers la même époque au Moyen-Orient de vastes gisements de pétrole de prix peu élevés et, un peu plus tard, une modification des considérations logistiques qui fit perdre au Canada sa position de source privilégiée d'approvisionnement.

L'ÉVOLUTION À L'ÉTRANGER ET LA BALANCE DES PAIEMENTS

Au cours de la période qui suivit immédiatement l'arrêt des hostilités, l'adaptation du commerce extérieur canadien à la conjoncture internationale née de la guerre se trouva retardée par l'urgence des besoins de secours et de reconstruction et par le caractère plus épineux qu'on ne l'avait envisagé du redémarrage de la production en Europe. L'utilisation plus rapide que prévu des prêts consentis après la guerre par le Canada et l'accroissement des importations en provenance des États-Unis eurent pour résultat une contraction rapide de nos réserves de change[1]. Vers la fin de 1947, le gouvernement décida de contingenter et de restreindre les importations, principalement celles en provenance des États-Unis, et conclut un accord avec le Royaume-Uni afin de ralentir le rythme des tirages sur la tranche non utilisée du prêt octroyé à ce pays. Ces mesures ainsi que les restrictions maintenues par les pays d'outre-mer sur les importations payables en dollars provoquèrent une nette augmentation de la proportion de nos ventes aux États-Unis, donnant au commerce d'exportation canadien une orientation très différente de son profil traditionnel d'avant-guerre. Les importations en provenance des États-Unis s'infléchirent en 1948, mais un relâchement considérable des mesures de restriction intervenu vers la fin de l'année et l'affaiblissement relatif de la position concurrentielle des pays d'outre-mer se traduisirent également, relativement à l'avant-guerre, par un virage significatif, encore que moins considérable, vers le marché américain comme source d'approvisionnement. Il en résulta une certaine atténuation du déséquilibre qui, au cours des années antérieures, avait été caractéristique des échanges entre les deux pays.

Si cette modification au niveau des échanges constitue une des plus importantes survenues à l'époque, la période en question marque également un tournant pour la balance des paiements en général. C'est à cette époque que le solde des paiements courants a commencé d'être déficitaire, ce qui mettait un terme à près d'une génération caractérisée par un excédent constant et inaugurait une ère, de durée sensiblement égale, de déficits persistants — et en général croissants — et d'entrées massives de capitaux.

L'adaptation conjoncturelle du commerce extérieur canadien à la fin des années 40 s'est effectuée de façon plus harmonieuse qu'on n'aurait pu le prévoir, encore que la perte de marchés d'outre-mer causât des difficultés à un certain nombre d'industries. En outre, le solde des paiements courants était moins favorable en 1949 qu'en 1948, année où un renforcement de la balance courante et de la balance des capitaux avait donné lieu à un accroissement des réserves de change de l'ordre de 496 millions de dollars et

[1]Voir chapitre V, p. 67–84.

à un relâchement progressif du contrôle des changes et des restrictions à l'importation. Bien que le Canada enregistrât encore en 1949 un accroissement modeste de ses réserves de change, le ralentissement de la croissance des exportations, la progression des importations et l'augmentation des dépenses nettes des touristes canadiens consécutives à l'atténuation des contrôles se traduisirent par une accentuation du déficit des paiements courants avec les États-Unis. Par ailleurs, le solde de la balance commerciale avec les pays d'outre-mer ne se modifia guère, dans une large mesure à cause du continuel «problème du dollar» et des restrictions aux importations. Malgré le redressement de la production en Europe occidentale, la structure des taux de change paralysait manifestement de plus en plus l'expansion des exportations vers la zone dollar, et les pressions sur la livre sterling se renforçaient. Le 19 septembre, le Royaume-Uni la dévaluait de 30,5% par rapport au dollar É.-U; les autres pays de la zone sterling (à l'exception du Pakistan) et un certain nombre de petits pays européens dévaluèrent leur monnaie dans la même proportion, alors que la plupart des autres pays d'Europe le firent dans des proportions moindres. Simultanément, il y eut un renforcement des mesures limitant les importations payables en dollars.

C'est dans ce contexte que le gouvernement canadien décida de dévaluer le 20 septembre 1949 le dollar canadien de quelque 9,1% par rapport au dollar É-U. Lorsqu'il annonça la mesure, le ministre des Finances précisa que le niveau des réserves de change du Canada, pourtant de loin plus élevé qu'à la fin de 1947, n'était pas encore satisfaisant et qu'il convenait dans ces circonstances de mener des politiques qui contribueraient à empêcher un déficit de la balance commerciale. Dans le Rapport annuel de la Commission de contrôle du change étranger pour 1949, il est dit :

> Attendu que la possibilité de continuer à vendre un assez gros volume de nos marchandises aux pays de la zone sterling et de l'Europe occidentale dépend principalement de leur capacité d'exporter davantage vers notre hémisphère, nous devons nous réjouir d'une mesure qui leur permettra d'augmenter ces exportations. En outre, la situation plus favorable dans laquelle les producteurs de la zone sterling et de l'Europe occidentale se trouveront vis-à-vis des producteurs américains sous le rapport de la concurrence offrira aux importateurs canadiens l'occasion d'acheter outre-mer à meilleur prix qu'aux États-Unis.

Les auteurs de ce rapport faisaient remarquer plus loin qu'une nouvelle structure des taux de change favorable à un meilleur équilibre entre le Canada et ses principaux partenaires commerciaux devrait contribuer à atténuer les problèmes commerciaux et à améliorer la situation des paiements du pays.

Si cette mesure était justifiée à l'époque où elle fut prise, la guerre de Corée vint, moins d'un an après, modifier de fond en comble les données du problème. Les paiements courants accusèrent en 1950 un déficit sensible, ce qui ne s'était plus produit depuis 1933, mais le déficit envers les États-Unis diminua dans des proportions considérables à la faveur d'une vive hausse de nos exportations à destination de ce pays. Parallèlement, les investissements directs au Canada marquaient un net progrès. Toutefois, l'événement de loin le plus remarquable fut l'afflux de capitaux spéculatifs survenu au troisième trimestre de l'année.

Au cours des premiers mois de 1950, l'impulsion croissante donnée à la mise en valeur des richesses naturelles dans notre pays et les effets bénéfiques à long terme sur la balance canadienne des paiements qu'on en escomptait suscitèrent chez les investisseurs américains un intérêt croissant pour le Canada, intérêt fondé en partie sur l'idée que le cours du change était trop bas pour être maintenu indéfiniment. Le déclenchement des hostilités en Corée provoqua subitement un mouvement massif de capitaux principalement spéculatifs des États-Unis vers le Canada, lesquels étaient attirés par la perspective d'un accroissement des bénéfices attribuable à la vive progression de la demande de matières premières et à la hausse des prix, et par l'expectative d'une hausse prochaine du dollar canadien. Les réserves de change, qui avaient modérément augmenté au premier semestre de l'année pour s'établir à quelque 1,2 milliard de dollars, totalisaient environ 1,8 milliard au début de l'automne. Dans un discours prononcé à Toronto en novembre, le gouverneur Towers soulignait en ces mots l'ampleur de cet accroissement : «Je ne crois pas qu'un autre pays ait jamais enregistré un afflux de capital de la même proportion dans un si court laps de temps. Le gouvernement des États-Unis se trouverait dans une situation comparable s'il lui fallait acheter pour plus de 10 milliards de dollars d'or en quatre mois.»

Le financement de cet accroissement important des réserves de change causa d'énormes difficultés aux autorités, car il nécessitait l'application de mesures compensatoires si l'on voulait empêcher l'aggravation des pressions inflationnistes déjà perceptibles au sein de l'économie. Au début, il fut possible d'effectuer des tirages sur les dépôts du gouvernement, mais en août et en septembre, devant l'afflux toujours croissant de capitaux étrangers, il fallut recourir à des mesures spéciales de financement, notamment à la vente aux banques à charte, à la fin d'août, de certificats de dépôt pour un montant de 200 millions de dollars et à l'achat par la Banque du Canada, en août, en septembre et au début d'octobre, d'avoirs en monnaies étrangères pour un total, en termes nets, de 393 millions de dollars. La Banque s'efforça de compenser en partie les effets de ces transactions sur les réserves-encaisse des banques à charte, au cours de la même période, en vendant des titres pour un montant total de 337 millions de dollars en termes nets. Toutefois, les possibilités d'action de la Banque n'étaient pas sans limites. L'entrée de capitaux ne donnant aucun signe de ralentissement, il fut décidé d'abandonner la parité fixe du dollar canadien à partir du 1er octobre. L'afflux de capitaux spéculatifs se ralentit, mais les réserves de change s'accrurent encore quelque peu au début d'octobre.

Dans son Rapport annuel de 1950, la Commission de contrôle du change étranger écrivait : «En étudiant les mesures propres à arrêter ces arrivages, le Gouvernement considéra la possibilité de fixer la valeur au pair du dollar canadien à un niveau plus élevé, mais conclut que dans les circonstances il était impossible de calculer d'avance avec raisonnable assurance le niveau convenable.» Il ne fut jamais sérieusement question d'appliquer le contrôle des changes dans le sens inverse, c'est-à-dire de restreindre les entrées de capitaux. Le régime existant, destiné à donner un droit de regard sur les sorties de capitaux, fut maintenu mais avec quelques modifications destinées à tenir compte de la mise en flottement de la monnaie et de la reprise du commerce des devises. Cette libération du taux de change plaçait brusquement les milieux de la finance et des affaires devant une situation nouvelle, après onze années de parité fixe par rapport au dollar américain et à la livre sterling. Afin d'apporter sa part au rétablissement d'un marché des changes au Canada, la Commission de contrôle du change étranger entreprit, à titre de mesure temporaire, de fournir les services de deux anciens courtiers alors à son emploi. Par la suite, les courtiers, autonomes avant la guerre, cessèrent de l'être et devinrent des employés salariés de l'Association des banquiers canadiens.

Après son décrochage, le dollar canadien enregistra une hausse d'environ 4% par rapport au dollar américain; ce taux de change demeura relativement stable pendant les douze mois qui suivirent. Au cours des derniers mois de 1951, le dollar canadien se raffermit encore par suite d'une amélioration de la balance des paiements courants et d'un afflux de capitaux étrangers. Cette tendance se poursuivit en 1952, de sorte qu'au cours des derniers mois de l'année, le dollar canadien valait de 3 à 4% plus que le dollar américain. La hausse survenue en 1952 était en grande partie imputable au renversement de la balance courante, qui était passée d'un déficit d'au-delà de 500 millions de dollars à un excédent de plus 150 millions. Cet excédent, qu'on ne reverra pas pendant de nombreuses années, résultait de l'action combinée d'une chute du prix des biens importés, du maintien des prix à l'exportation et de l'augmentation du volume des exportations céréales et d'autres marchandises. Des capitaux considérables provenant de placements directs de non-résidents et d'emprunts sur le marché américain continuèrent d'affluer, mais la hausse du dollar canadien, en 1952, se traduisit par des sorties d'autres genres de capitaux; l'équilibre était ainsi dans une large mesure rétabli, et les réserves de change n'accusèrent qu'une faible progression.

Bien que le contrôle des changes eût été maintenu après la mise en flottement du dollar canadien, la réglementation fut progressivement assouplie et, en 1951, on procéda à une diminution du personnel de la Commission de contrôle du change étranger. Les réserves de change ayant atteint un niveau élevé, il devint désormais évident qu'on n'avait plus à se préoccuper de l'accumulation de fonds bloqués, laquelle constitue parfois une source de difficultés lorsqu'il s'agit d'abroger des contrôles établis depuis longtemps. L'annonce de l'abolition totale du contrôle des changes eut lieu le 14 décembre 1951. La Commission faisait tellement partie des mœurs que des particuliers et des sociétés continuèrent à lui adresser un courrier assez volumineux plusieurs années encore. Son abolition influa également sur la Banque, car, bien que formant un organisme indépendant, elle entretenait avec cette dernière d'étroites relations. En effet, la Banque lui avait fourni son personnel de direction, avait été chargée de faire fonction de conseiller technique et de banquier auprès d'elle et s'occupait des questions administratives la concernant. Lorsque la Commission approcha de ses dernières années d'existence, son personnel fut en grande partie intégré à celui de la Banque. Sa suppression entraîna des ajustements et des mutations de personnel, ainsi que des licenciements.

LA POLITIQUE MONÉTAIRE

En matière de politique monétaire, les quelque douze mois qui ont précédé l'ouverture des hostilités en Corée ne présentent aucun intérêt particulier. En 1949, les pressions inflationnistes de l'après-guerre avaient diminué, mais suite à la reprise de l'activité économique aux États-Unis, les prix s'inscrivirent de nouveau en hausse fin 1949 et début 1950, enregistrant une progression assez modérée. En février 1949, la Banque du Canada informa les banques à charte que celles-ci pouvaient considérer comme périmée l'opinion, émise par elle un an auparavant, qu'il n'était guère souhaitable, vu les circonstances, de financer les dépenses de biens d'équipement par une expansion du crédit bancaire. La croissance des prêts bancaires et des placements autres qu'en fonds publics fut nettement plus modérée en 1949 que pendant les années précédentes. Le cours des obligations demeura sensiblement le même jusque vers le dernier trimestre de l'année, où il se raffermit quelque peu. Pendant les premiers mois de 1949, les banques à charte accrurent leurs avoirs en titres du gouvernement, mais au second semestre et au début de l'année suivante, toutefois, en réponse au raffermissement enregistré par le marché obligataire, la Banque du Canada adopta une politique de gestion des réserves-encaisse des banques à charte qui obligea ces dernières à financer tout accroissement de leurs prêts par des ventes nettes d'obligations. Le coefficient de réserves-encaisse tomba à moins de 10% à la fin de 1949, pour la première fois depuis de nombreuses années.

La conjoncture créée par la guerre de Corée causa à la Banque du Canada des problèmes à la fois nouveaux et difficiles à résoudre. En même temps qu'elle faisait largement confiance à la politique budgétaire et à d'autres mesures directes, la Banque adopta, pour la première fois depuis sa création, une politique de rigueur monétaire qu'elle appliqua toutefois avec circonspection tout en faisant appel à la persuasion morale. Cette attitude plus souple différait considérablement de sa position des premières années d'après-guerre, où elle s'était efforcée avant tout de maintenir les taux d'intérêt à un niveau peu élevé et stable. Lors de la révision de la *Loi sur les banques* en 1954, M. Towers, procédant à un examen rétrospectif de la politique monétaire d'après-guerre, faisait remarquer : «il nous fut beaucoup plus facile que pendant les premières années d'après-guerre d'exercer une influence restrictive sans être obligés d'avoir recours à des méthodes outrées. Bien que la situation des banques se trouvât encore très liquide, les titres du gouvernement qu'elles avaient en portefeuille représentaient à peu près 36% de leurs avoirs canadiens, à comparer avec 53% en mars 1946.» L'importance relative de la dette publique par rapport au revenu national avait aussi sensiblement diminué, ce qui s'explique par un amortissement de la dette au cours des premières années d'après-guerre d'une part, par la croissance de l'économie et par la montée des prix d'autre part.

D'août à octobre 1950, la Banque du Canada avait compensé en grande partie l'accroissement net de ses avoirs en devises étrangères par une contraction de son portefeuille de fonds d'État. Néanmoins, les réserves-encaisse des banques à charte avaient enregistré une progression considérable, qui s'établissait à 56 millions de dollars pour 1950, contre 15 millions en 1949. Pendant les derniers mois de l'année, les prêts bancaires et les placements autres qu'en titres du gouvernement accusèrent une forte hausse, et la Banque dut adopter une politique restrictive, portant à 2% le taux d'escompte établi à 1 1/2% depuis 1944. Dans le communiqué publié à cette occasion, la Banque faisait remarquer que l'opinion exprimée en 1944, à savoir qu'elle ne voyait dans la situation économique aucun élément permettant de prévoir un relèvement des taux d'intérêt au cours de l'après-guerre, ne correspondait plus à la conjoncture. Les taux de rendement des obligations à court terme du gouvernement avaient commencé à progresser au début de l'automne et, en novembre, le marché des obligations à long terme donnait à son tour des signes de faiblesse. Durant les quelques mois qui suivirent, les taux de rendement des titres à court et à long terme marquèrent une hausse appréciable.

Fait à remarquer, ce fléchissement du cours des obligations au Canada précéda de peu une tendance similaire qui se manifesta aux États-Unis en 1951; il avait été facilité par la mise en flottement de monnaie au début d'octobre.

Diverses mesures fiscales furent également adoptées à l'automne de 1950 pour enrayer les pressions inflationnistes dues à l'expansion de budget de la défense nationale. Ainsi, un budget spécial en septembre majorait les impôts sur le revenu des sociétés et les taxes de vente tandis que, en novembre, les mesures législatives prises dans le cadre de la *Loi sur les pouvoirs d'urgence* restreignaient le crédit à la consommation.

Au début de 1951, il devenait évident que le vif accroissement de la demande intervenu au deuxième semestre de 1950 allait de pair avec un renforcement des pressions inflationnistes et que celles-ci risquaient de s'intensifier avec la progression des dépenses militaires. Le Rapport annuel de la Banque pour l'année 1950, publié au début de 1951, traitait des répercussions économiques de cette progression escomptée et des divers moyens d'en limiter les effets inflationnistes. Constatant qu'en raison de cette progression, la demande de biens et de services allait vraisemblablement être supérieure à l'offre, le gouverneur donnait à entendre qu'il pourrait se révéler nécessaire d'avoir, à l'avenir, davantage recours à des mesures de contrôle direct pour compléter les dispositions d'ordre financier et monétaire.

Au premier semestre de 1951, les autorités prirent diverses mesures budgétaires et monétaires afin de tempérer les pressions sur l'économie et instituèrent un contrôle direct de l'utilisation de l'acier et de quelques autres produits peu abondants. En février, le gouvernement décrétait une augmentation du versement initial exigible sur les logements financés conformément aux dispositions de la *Loi nationale sur l'habitation.* En mars, dans le cadre des Règlements sur le crédit à la consommation entrés en vigueur en novembre 1950, il augmenta le montant du versement comptant minimum et diminua les délais de remboursement applicables aux ventes à crédit. Le budget d'avril comportait une hausse des taxes d'accise et de vente, une augmentation de l'impôt sur le revenu des particuliers et des sociétés et, autre mesure anti-inflationniste, la suspension pendant quatre ans du droit de déduire du revenu imposable l'amortissement de certains types d'immobilisations.

Sur le plan monétaire, l'événement le plus important a été l'accord conclu en février avec les banques à charte. Le crédit bancaire s'inscrivait en hausse rapide, et, comme le soulignait le Rapport annuel de 1951, la Banque considérait que «la situation exigeait d'autres mesures qu'une simple contraction additionnelle des réserves monétaires des banques à charte». Afin de faire le point sur la situation, des rencontres avec des représentants des banques furent organisées, et il fut convenu «qu'il n'était pas recommandable, vu les conditions actuelles, d'augmenter le montant global du crédit bancaire»[2]. Pour prévenir une évolution dans ce sens, les banques s'engagèrent à faire preuve de plus de rigueur dans l'examen des demandes d'emprunt et à pousser leurs clients à se tourner vers les marchés de valeurs mobilières ou vers d'autres sources pour satisfaire leurs besoins de financement. L'accord instituait des règles d'application précises pour les banques, prévoyant notamment une augmentation de la marge de couverture des prêts garantis par des actions de sociétés ou par du papier de sociétés de financement. Bien que les prêts bancaires eussent continué à augmenter après la conclusion de l'accord, surtout à cause des engagements pris antérieurement, ils plafonnèrent de fin mars à fin décembre et accusèrent même un fléchissement, compte tenu des variations saisonnières.

Pendant le premier semestre de 1951, la Banque du Canada contrôla strictement les réserves-encaisse du système bancaire. Une grande partie de l'excédent de trésorerie du gouvernement fut affectée à l'achat des avoirs en devises acquis par la Banque en 1950. Bien que le chiffre des achats de fonds d'État effectués par la Banque fût supérieur à celui des ventes, les réserves-encaisse des banques à charte diminuèrent de 42 millions de dollars et le coefficient moyen journalier de réserves-encaisse pendant la période se tint à 9,8%. Pendant le second semestre de l'année, la liquidité des banques à charte s'améliora nettement, et les réserves-encaisse augmentèrent de 124 millions de dollars. Selon le Rapport annuel pour 1951, il était manifeste que «les banques désiraient maintenir un pourcentage de réserves plus élevé qu'au cours de la première moitié de 1951». La moyenne journalière pendant cette période se situa à 10,6%. L'auteur du Rapport faisait aussi remarquer

---

[2]Le «crédit bancaire» comprend les prêts bancaires et le portefeuille de titres autres que les fonds d'État.

que la demande des ménages avait perdu de sa vigueur à partir du deuxième trimestre mais qu'avec l'accroissement progressif des dépenses militaires et des investissements en biens capital, «la situation économique demeurait tendue».

L'année 1952 souleva moins de problèmes que la précédente, grâce en partie, aux efforts déployés pour mettre un terme à la guerre de Corée. Si les négociations se révélaient extrêmement laborieuses, les parties firent quand même preuve du désir de les poursuivre et de limiter l'intensité des combats. Par ailleurs, un certain nombre de faits positifs, notamment une forte baisse du prix des importations exprimé en dollars canadiens, contribua à enrayer le mouvement à la hausse des prix intérieurs. La production en termes réels marqua également un progrès considérable. Les mesures restrictives adoptées en 1951 furent atténuées ou abolies. En janvier 1952, on fit part de la décision de reconduire l'accord conclu l'année précédente avec les banques sans toutefois fixer d'objectifs précis. En mai, les restrictions affectant le crédit bancaire furent levées, à l'exception de la couverture de 50% touchant les prêts bancaires sur nantissement de titres de sociétés. La réglementation du crédit à la consommation fut d'abord assouplie, puis abolie en mai.

Les prêts bancaires continuèrent de fléchir jusqu'en mars, pour amorcer alors une reprise et même s'accroître considérablement au second semestre. Le coefficient de réserves-encaisse baissa à moins de 10% vers le milieu de l'année et les banques furent obligées de se départir de titres à relativement court terme du gouvernement canadien au second semestre afin de maintenir leur position de caisse. Les taux de rendement à court terme accusèrent une hausse sensible, tandis que le loyer de l'argent à long terme marqua seulement une légère augmentation. À l'occasion d'une réunion tenue en novembre avec les dirigeants des banques à charte, le gouverneur mit l'accent sur l'accroissement rapide des concours bancaires et insista sur la nécessité pour les banques de maintenir la bonne qualité de leurs portefeuilles.

Lorsqu'on considère le boom des années 50 avec l'avantage du recul, on constate qu'une des caractéristiques de la pensée économique de l'époque, commune à la plupart des pays industrialisés, était la forte propension à sous-estimer non seulement la vigueur et la persistance de l'expansion mais aussi l'accentuation des tendances inflationnistes dans les sociétés industrielles. Parmi les motifs de cette erreur de jugement, il y a entre autres la difficulté d'évaluer, d'une part, les répercussions des modifications structurelles, si lourdes de conséquences, qui s'étaient produites dans l'économie mondiale par suite de la guerre et, d'autre part, l'ampleur des besoins non satisfaits qui s'étaient accumulés dans la plupart des économies après une vingtaine d'années de dépression et de guerre. En outre, le fait que la plupart des hommes qui détenaient les leviers de commande avaient commencé leur carrière au cours d'une décennie de dépression et de très faible croissance contribuait à colorer leur vision du monde. Comme l'indique le présent chapitre, au début du boom, les pressions de la demande étaient en partie imputables aux besoins nés de la guerre de Corée et on pouvait fort bien prétendre que le phénomène n'était qu'éphémère. En fait, le Canada entrait dans une période de forte croissance qui ne serait entrecoupée que de brèves pauses. Il était donc normal que l'apparition de tensions au milieu des années 50 provoquât des divergences d'opinions quant à la nature de l'essor économique et aux politiques à mettre en œuvre. Assez rapidement, on en vint à conclure, au sein de la Banque du Canada, que la croissance économique du pays reposait sur de fortes assises et s'alimentait d'elle-même. Cette opinion allait inspirer la politique de la Banque et les avis qu'elle serait appelée à donner jusque vers le milieu de cette décennie.

* * *

Avant de terminer l'étude de cette période, il serait opportun de faire mention d'un événement important dans l'évolution de la Banque, le départ de M. Donald Gordon, qui démissionna à la fin de 1949 pour accéder à la présidence du Canadien National. M. Gordon avait exercé une grande influence sur la Banque durant les premières années d'existence de cette institution, d'abord en qualité de secrétaire, ensuite de sous-gouverneur. Il participa activement par la suite à la création, au cours des premières années de la guerre, de la Commission du contrôle du change étranger, puis devint président de la Commission des prix et du commerce en temps de guerre. Le 1er janvier 1950, M. J.E. Coyne accédait au poste de sous-gouverneur.

Le décès de M. W.C. Clark à la fin de 1952 mit un terme à une association qui remontait aux tout débuts de la Banque. Il convient de souligner ici le caractère exceptionnel, à bien des égards, de l'apport de M. Clark, qui fut un des artisans de la création de la banque centrale au Canada et de l'évolution que devait connaître l'institution. En tant que sous-ministre des Finances, il avait fait partie du Conseil d'administration et du Comité de direction depuis l'ouverture de la Banque et il conserva ces fonctions jusqu'à son décès. Il maintint des rapports très étroits avec la Banque au cours des premières années de formation et durant les années difficiles de la guerre.

Il nous semble à propos de faire mention, à ce stade, de l'entrée de Terre-Neuve dans la Confédération le 31 mars 1949. Si cet événement historique plaçait officiellement Terre-Neuve dans la sphère de compétence de la Banque du Canada et de la Commission du contrôle du change étranger, il n'en reste pas moins que cette province faisait partie, depuis de longues années, de la «zone dollar canadien» et que les services bancaires mis à sa disposition provenaient exclusivement d'établissements canadiens. Le contrôle des changes y était tout à fait semblable à ce qu'il était au Canada et, s'il est vrai que son application relevait de deux organismes distincts, ceux-ci employaient sensiblement les mêmes méthodes et travaillaient en étroite collaboration. En conséquence, la Banque avait avec Terre-Neuve des contacts plus serrés que la plupart des ministères, et plusieurs cadres de la Banque purent ainsi apporter une contribution précieuse aux négociations longues et ardues qui précédèrent l'entrée de Terre-Neuve dans la Confédération.

CHAPITRE VII

L'évolution de la Banque du Canada en 1953–1954 : une nouvelle étape de l'histoire de la banque centrale

Le chapitre qui suit est le dernier volet de l'étude des origines et des vingt premières années d'existence de la banque centrale du Canada.

À de nombreux points de vue, les problèmes de toutes sortes que la Banque a eu à résoudre au cours des dernières années diffèrent sensiblement des difficultés qu'elle avait dû affronter au cours de ses deux premières décennies. Lorsque la Banque entama ses opérations, l'économie mondiale se relevait à grand peine de la crise des années 30, et il s'agissait avant tout de favoriser la reprise de l'activité économique. Quelques années plus tard, la Seconde Guerre mondiale s'abattait sur le monde et il devint impératif de renforcer au maximum l'effort de guerre. La transition à une économie de paix se fit assez rapidement et sans trop de heurts, mais la situation à l'étranger demeura une source de préoccupations et les décisions continuèrent de porter la marque des attitudes adoptées durant l'entre-deux-guerres. Si la situation commença à changer vers le début des années 50 et, en particulier, après le déclenchement des hostilités en Corée, l'orientation de la politique avait été jusque-là avant tout stimulatrice, quand elle n'était pas subordonnée aux mesures de contrôle de la période de guerre. Ce n'est que vers le milieu des années 50, après que l'expansion de l'activité économique et de la mise en valeur des richesses naturelles eut commencé à prendre l'allure d'un boom et

---

*Publié au préalable dans la *Revue de la Banque du Canada*, livraison de janvier 1976, p. 3–14.

à montrer de nettes caractéristiques d'auto-renforcement, que la Banque commença à appliquer une politique monétaire active.

Il est naturellement impossible de tracer ici une ligne de démarcation sans faire intervenir une large part d'arbitraire. Parmi les facteurs qui allaient influencer la croissance de l'économie au cours des années à venir, beaucoup s'étaient déjà manifestés au tout début de la décennie et même avant. C'est à cette époque que les opinions en matière de politique monétaire, qui s'inspiraient au lendemain de la guerre du souci provoqué par les problèmes de la transition et du chômage, commencèrent à changer tant au Canada qu'à l'étranger[1]. Si ce changement d'optique était provoqué principalement par les fortes pressions inflationnistes attribuables à la guerre de Corée, la Banque s'apercevait de plus en plus que le contexte économique s'était nettement modifié et que l'inflation risquait, au moins autant que l'insuffisance de la demande, de constituer à l'avenir une source de problèmes. Cette évolution des idées avait été progressive. Au Canada, comme dans la plupart des autres pays, on préféra continuer d'assortir les emprunts obligataires de taux peu élevés, mais stables, et on se fia avant tout aux dispositions fiscales et à d'autres mesures directes pour combattre les pressions inflationnistes qui suivirent la guerre de Corée. Pourtant c'est à cette époque que la Banque du Canada s'engagea pour la première fois dans la mise en œuvre d'une politique monétaire restrictive, mais elle le fit avec précaution et tout en recourant à la persuasion morale.

Fait plus important, l'expérience de la guerre de Corée et l'impression croissante au sein de la Banque que le pays était à la veille d'une expansion vigoureuse et soutenue ont poussé celle-ci à réexaminer à cette époque les moyens dont elle disposait pour réaliser ses politiques. Le cadre institutionnel et juridique dans lequel la Banque fonctionnait avait très peu évolué au fil des années et, en l'absence d'un marché monétaire efficace et sensible aux fluctuations de la demande, elle pouvait à peine utiliser les opérations d'open market dans la poursuite de ses objectifs sans risquer des effets secondaires perturbateurs. À partir de 1953, diverses mesures furent prises pour favoriser le développement d'un marché de l'argent à court terme au Canada. La législation bancaire subit également des modifications importantes lors de la

[1]Voir chapitre VI, p. 85–102.

révision décennale de 1954 de la *Loi sur les banques*, première révision de cette loi à être effectuée en temps de paix depuis la création de la banque centrale. Les développements que nous venons de mentionner caractérisent cette période de l'histoire de la Banque du Canada, et c'est sur eux que nous concentrerons notre attention dans le présent chapitre.

MODIFICATIONS STRUCTURELLES DANS LE DOMAINE BANCAIRE

Tout en recommandant, en 1934, la création d'une banque centrale au Canada, la Commission Macmillan faisait remarquer que l'absence dans notre pays d'un marché monétaire actif entraverait le fonctionnement du nouvel organisme. Si le Canada était, tout compte fait, doté d'une structure financière bien établie, il ne disposait pas d'un marché à court terme. Il y avait eu des ventes de bons du Trésor à certaines banques au cours de la Première Guerre mondiale, puis pendant les premières années de l'entre-deux-guerres, et c'est en mars 1934 qu'avait eu lieu la première adjudication de ces bons. Toutefois, même si le placement de ces titres donnait au gouvernement le moyen de se procurer un financement bancaire à court terme, ceux-ci n'étaient pas considérés comme des avoirs liquides et ne faisaient pas l'objet de transactions secondaires. De même, les banques à charte avaient bien à leur bilan un poste «Prêts à vue», mais si ceux-ci ressemblaient aux prêts de même nature octroyés sur les marchés de New-York et de Londres, dans la pratique, ni prêteurs ni emprunteurs ne les considéraient comme remboursables à vue. Dans une large mesure les banques s'approvisionnaient en capitaux à New York, particulièrement sur le marché des prêts à vue de cette place, à laquelle elles avaient depuis longtemps pris l'habitude de s'adresser lorsqu'elles avaient des besoins de liquidités qui ne pouvaient être couverts par l'arrivée à échéance des lettres de change ou des autres effets à court terme, lesquels avaient toujours constitué une part importante de leurs avoirs. Si cette façon d'agir permettait aux banques de satisfaire des demandes inattendues de fonds liquides, leur dépendance vis-à-vis du marché new-yorkais s'était occasionnellement révélée préjudiciable à l'économie canadienne. Nul doute que la facilité d'accès au vaste marché de New York et la proximité de ce dernier par rapport aux centres financiers canadiens avaient nui à la création d'un marché monétaire, même embryonnaire, dans notre pays.

La création d'une banque centrale a constitué une étape primordiale de la création d'un marché monétaire au Canada. Dès l'abord, la Banque du Canada a cherché à faciliter la mise en place d'un marché de bons du Trésor et d'autres titres à court terme du gouvernement. Vu que la banque centrale se montrait disposée à acheter et à vendre des bons à des cours proches de celui de la dernière adjudication, les banques à charte en vinrent à considérer les bons comme l'élément le plus liquide de leur actif, après l'encaisse. Un système d'adjudications bimensuelles fut adopté en 1937. L'encours des bons, faible jusqu'à l'époque de la guerre, augmenta alors considérablement, pour rester stable après la fin des hostilités, le gouvernement réduisant plutôt d'autres éléments de sa dette. Le marché des bons du Trésor restait cependant dans une large mesure limité aux banques à charte et à la Banque du Canada, car ces titres ne faisaient guère l'objet d'opérations sur le marché secondaire.

Bien qu'il n'eût pas été possible d'enregistrer de grands progrès en la matière, la Banque du Canada continua de considérer la création d'un marché monétaire canadien comme éminemment souhaitable. En témoignent d'ailleurs les déclarations contenues dans ses Rapports annuels; en outre, le thème sera souvent abordé dans les notes de service et la correspondance de cette période. Toutefois, la priorité fut accordée pendant de nombreuses années à d'autres questions plus urgentes. Au début, le pays n'avait pas tellement besoin d'un marché monétaire, et la conjoncture n'était pas particulièrement propice à l'expansion de ce marché; on admettait toutefois que la situation n'était pas normale et que si la reprise escomptée de l'activité économique se produisait, la Banque pourrait se sentir gênée dans ses efforts pour influer sur les réserves-encaisse du système bancaire et sur le marché du crédit. Durant les années de guerre et pendant encore quelque temps, les mesures de contrôle en vigueur atténuaient la nécessité d'un mécanisme de marché et interdisaient en pratique toute action préparatoire à l'implantation ordonnée d'un marché monétaire. Cependant, à la fin des années 40, le retour à la conjoncture de temps de paix aidant, il était devenu évident que non seulement il devenait de plus en plus nécessaire d'innover, mais encore que l'essor économique de l'après-guerre créait un cadre réellement propice à la promotion d'un marché monétaire. Le nombre des participants éventuels à un marché monétaire et les ressources dont disposaient ces derniers s'étaient sensiblement accrus et, bien que nul marché parabancaire de bons du Trésor de quelque importance ne fût apparu, de grandes quantités d'obligations à court terme du gouvernement étaient détenus en dehors du système bancaire et faisaient l'objet d'un marché actif.

Pendant plusieurs années, à l'occasion de ses opérations sur les bons du Trésor, la Banque avait progressivement accru l'écart séparant son prix de vente de son prix d'achat afin d'encourager les banques à charte à rechercher d'autres preneurs. Cette initiative n'eût guère de succès, ce qui conduisit la Banque, au début de 1953, à prendre un certain nombre de mesures importantes. Ces mesures visaient avant tout à élargir le marché des bons du Trésor et des autres effets à court terme en encourageant quelques gros négociants en valeurs mobilières à devenir des «agents agréés» du marché monétaire, c'est-à-dire à tenir un stock de titres et d'effets à court terme et à être toujours prêts à acheter ou à vendre. À cette fin, la fréquence des adjudications de bons du Trésor fut doublée, celles-ci devenant hebdomadaires; à l'émission de bons à trois mois s'en ajouta une à neuf mois, et l'encours fut porté graduellement en quelques mois de 450 millions à 650 millions de dollars[2]. Parallèlement, la Banque s'engagea à mettre à la disposition des négociants en valeurs mobilières qui seraient disposés à remplir la fonction d'agent agréé un nouveau moyen de financer leur stock de fonds d'État à court terme, la prise en pension d'effets. Il s'agissait pour la Banque d'accorder aux négociants qui en feraient la demande des facilités de crédit, variables selon l'intéressé, au moyen de l'achat par la Banque de bons du Trésor ou d'obligations à court terme du gouvernement, qu'elle s'engageait à leur revendre à un cours fixé d'avance. Au début, ces négociants agréés bénéficièrent d'un taux moins élevé que celui des prêts bancaires à vue, mais la Banque espérait qu'un vrai marché des prêts

[2]Le gouvernement cessa en 1955 d'émettre des bons à neuf mois de façon régulière. Pour plus de détails sur l'adjudication des bons du Trésor et sur l'évolution du marché après 1954, voir : «Les bons du Trésor du gouvernement canadien», *Revue de la Banque du Canada*, mai 1972, p. 3–13.

à vue verrait le jour et qu'elle deviendrait un prêteur de dernier recours.

Dans cet ordre d'idées, la Banque engagea en 1953 des pourparlers avec les banques à charte afin qu'elles fissent plus largement appel à ses facilités d'escompte. Jusque-là, les banques avaient en général maintenu leurs réserves-encaisse à un niveau bien supérieur au minimum requis et n'avaient eu recours aux opérations d'escompte auprès de la Banque du Canada qu'en de rares occasions et encore pour des raisons exceptionnelles; en fait, des demandes d'escompte tendaient à être considérées comme un signe de mauvaise gestion. La Banque s'efforça, au cours de ces entretiens, de préciser les conditions auxquelles seraient assujettis les emprunts des banques à charte et d'inciter celles-ci, d'une façon générale, à utiliser d'avantage ses facilités d'escompte en les considérant, non pas comme un moyen d'accroître leurs réserves-encaisse à la longue, mais plutôt comme un instrument de la gestion quotidienne de leur trésorerie. La Banque du Canada envisageait une telle évolution avec faveur; non seulement elle permettrait d'établir un lien plus étroit entre les taux d'escompte et les taux du marché, mais encore elle contribuerait à assurer la viabilité d'un marché monétaire en permettant aux banques de réagir avec plus de souplesse aux changements de leur situation de liquidité.

Cependant on ne tarda pas à se rendre compte que les mesures prises au début de 1953 ne produisaient pas les résultats espérés. Les nouvelles facilités offertes par la Banque se révélèrent plus attrayantes que les prêts à vue des banques à charte, de sorte que les négociants en valeurs mobilières qui s'étaient vu accorder le privilège des pensions se mirent à traiter de préférence avec la Banque du Canada. Si l'encours des bons du Trésor marqua une progression sensible, on n'assista pas à la création d'un marché parabancaire, et le volume des bons détenus par le public à la fin de l'année ne fut guère plus élevé qu'un an auparavant. Toutefois le nouveau portefeuille d'effets pris en pension par la Banque du Canada oscillait déjà entre 15 et 25 millions de dollars vers la fin de 1953; il continua de s'accroître pour s'établir à plus de 70 millions de dollars en juin 1954.

Vers la fin de 1953, des cadres supérieurs de la Banque du Canada engagèrent de nouveau le dialogue avec des personnalités influentes des milieux bancaires en vue de déterminer quelles seraient les mesures susceptibles d'injecter du sang neuf dans le marché monétaire. Dans une lettre adressée à un banquier éminent, le gouverneur se disait d'avis que la création d'un marché monétaire serait à l'avantage des banques. Tout ce qui manquait, c'était un climat favorable et quelques dispositions d'ordre technique. Le gouverneur souligna qu'il fallait prévoir au moins un certain nombre de négociants agréés pour servir d'intermédiaires et effectuer de façon presque continuelle des opérations sur des bons du Trésor, sur des obligations à court terme du gouvernement et, éventuellement, sur d'autres effets. Suivant l'expérience de ces dernières années, ajoutait-il, laisser les banques traiter directement entre elles ou organiser sous l'égide de la banque centrale un système de compensation n'offrait pas les mêmes avantages que de disposer d'un marché sur lequel pourraient opérer des négociants expérimentés. La Banque avait pris certaines mesures en conséquence, mais elles ne pouvaient suffire à créer un terrain où la fonction de négociant agréé pourrait prospérer. Il fallait au moins l'adhésion et le soutien manifestes de quelques banques. Par exemple, chacune d'elles devait être disposée à réagir rapidement et régulièrement aux variations de sa situation de liquidité. Le gouverneur fit observer que les banques avaient de plus en plus tendance à laisser leur coefficient de réserves-encaisse osciller au-dessus ou au-dessous du taux traditionnel de 10%. Les négociants agréés, expliqua-t-il, ne peuvent œuvrer de façon efficace s'ils ne bénéficient pas de facilités de crédit appropriées, et la meilleure solution à ce problème réside dans la mise en place d'un véritable marché des prêts à vue. En guise de mesure préliminaire, la Banque avait commencé à ouvrir à l'intention des négociants agréés des lignes de crédit à n'utiliser qu'en dernier ressort. Enfin, le gouverneur émettait l'avis que certains frais de service, notamment les commissions sur découverts momentanés, n'encourageaient pas à utiliser le système[3].

En juin 1954, il fut possible, avec la collaboration des banques, de franchir une nouvelle étape décisive. La Banque du Canada s'était entendue avec un groupe de négociants disposés à remplir

---

[3]La «commission sur découverts momentanés» est une commission payée par le négociant agréé pour un «découvert de la journée» employé à financer l'achat de titres vendus plus tard le même jour.

les fonctions d'agent agréés du marché monétaire, et les banques à charte convinrent d'octroyer à ces derniers, jusqu'à concurrence du plafond convenu en matière de pension avec chacun d'eux par la Banque du Canada, des prêts au jour le jour sur nantissement de titres répondant aux critères exigés pour les prises en pension. Ces prêts au jour le jour seraient considérés comme des avoirs de première liquidité, puisque les banques pourraient en exiger le remboursement dès le lendemain avant midi. En outre, la Banque du Canada était disposée à agir en cas de besoin comme prêteur de dernier ressort. Le marché du prêt au jour le jour commença à fonctionner avec un taux d'intérêt convenu de 1 1/2%, qui allait par la suite évoluer selon les lois de la concurrence. Parallèlement, les banques à charte réduisirent les frais sur découverts momentanés. (Ces frais allaient être complètement abolis, en ce qui concerne certaines opérations sur le marché monétaire, en 1957.) Pour inciter davantage les banques à recourir au marché des prêts au jour le jour lorsqu'elles devaient modifier le niveau de leurs réserves-encaisse, la Banque du Canada cessa de créditer directement le compte des banques qui lui vendaient des titres. Elle entreprit d'effectuer le paiement par voie de compensation, de sorte que le produit de la vente était encaissé avec un retard d'au moins deux jours; par contre, si une banque demandait le remboursement d'un prêt au jour le jour avant midi, le règlement s'effectuait le jour même au moyen de fonds de la chambre de compensation, de sorte que son compte à la Banque du Canada était crédité le jour suivant.

Dès que le marché des prêts au jour le jour commença à fonctionner, l'encours des pensions à la Banque du Canada tomba à zéro et, pendant tout le reste de l'année, les facilités de crédit offertes par la Banque ne furent que rarement mises à contribution. Les négociants en valeurs purent accroître leur portefeuille de bons du Trésor et d'autres titres à court terme du gouvernement à l'aide des prêts bancaires au jour le jour et se mirent en frais pour se constituer de nouveaux clients. L'encours des bons du Trésor fut porté à 780 millions de dollars à la fin de 1954 et les portefeuilles du public, y compris ceux des négociants agréés du marché monétaire, se gonflèrent considérablement pour s'établir à plus de 200 millions de dollars.

Entretemps, des modifications majeures avaient été apportées à la *Loi sur les banques* lors de la révision décennale de 1954. En ce qui concernait la création du marché des prêts au jour le jour, la modification la plus importante fut l'adoption d'une nouvelle méthode de calcul des réserves-encaisse des banques à charte. À l'époque de la création de la Banque, le coefficient des réserves-encaisse obligatoires avait été fixé à 5% du solde journalier du passif-dépôts en dollars canadiens. Ce coefficient avait été recommandé par le Rapport Macmillan et, quoiqu'il n'y eût aucune raison spéciale pour le fixer à ce niveau, il avait semblé souhaitable de s'en tenir pour commencer à un taux relativement bas, d'autant plus que l'économie était toujours aux prises avec les séquelles de la Dépression. En tout état de cause, ce coefficient ne fut modifié qu'à l'occasion de la révision de 1954, mais en fait les banques avaient maintenu jusque-là, à cause des fluctuations journalières de leur encaisse, un coefficient de réserve d'environ 10%. Le système qui entra en vigueur le 1er juillet 1954 institua un coefficient mensuel moyen de réserves-encaisse égal à 8% au moins de la moyenne des dépôts en dollars canadiens[4]. Le nouveau régime permettant aux banques de maintenir leurs réserves-encaisse à un niveau beaucoup plus proche du minimum requis, elles ne tardèrent pas à abaisser le niveau de ces réserves; ce changement d'attitude associé à l'implantation du marché des prêts au jour le jour, qui offrait un nouveau moyen d'ajuster le niveau des réserves-encaisse, contribua à l'essor du marché des bons. L'adoption de ce taux mensuel moyen de 8% en matière des réserves-encaisse accrut sensiblement l'efficacité de la politique de gestion des réserves-encaisse de la Banque du Canada.

[4]On obtenait à cette époque le montant des dépôts en dollars canadiens sujets à réserves en faisant la moyenne des dépôts en dollars canadiens détenus à la clôture des opérations les quatre mercredis immédiatement antérieurs au dernier mercredi du mois précédent. Les composantes des réserves-encaisse des banques à charte restaient les mêmes : billets de la Banque du Canada et dépôts à la Banque du Canada. Le montant des billets détenus par les banques à charte était calculé suivant la même méthode que dans le cas des dépôt sujets à réserves, c'est-à-dire qu'on obtenait ce chiffre en faisant la moyenne des billets détenus à la clôture des opérations les quatre mercredis immédiatement antérieurs au dernier mercredi du mois précédent. Quant au total des dépôts à la Banque du Canada, il était donné par la moyenne des dépôts au cours des jours ouvrables du mois.

Parallèlement au changement du mode de calcul des réserves-encaisse, une modification de la *Loi sur la Banque du Canada* habilita la banque centrale à faire varier le coefficient des réserves-encaisse entre 8% et 12%, à la condition d'assortir toute modification d'un préavis d'un mois et de limiter toute augmentation à un pour cent par mois. Lorsque le ministre des Finances proposa cette modification, il fit remarquer que celle-ci doterait la Banque du Canada de pouvoirs semblables à ceux des banques centrales étrangères. Il n'était pas prévu, ajouta-t-il, que la Banque utiliserait fréquemment ces pouvoirs, mais elle devait pouvoir les invoquer dans ces circonstances exceptionnelles. En fait, la Banque n'usa jamais de cette prérogative pendant tout le temps qu'elle lui fut accordée[5].

En plus des modifications relatives aux réserves-encaisse, la révision de 1954 de la *Loi sur les banques* sanctionnait un certain nombre d'autres changement importants. Au cours de cette même année, la *Loi nationale sur l'habitation* avait été révisée afin de permettre la couverture par une assurance gouvernementale de prêts hypothécaires octroyés par les prêteurs agréés. Les banques à charte ayant été admises à figurer sur la liste des prêteurs agréés, la *Loi sur les banques* fut modifiée en conséquence. Auparavant, il avait été interdit aux banques, à quelques exceptions près, d'octroyer des prêts hypothécaires. À la même occasion, les banques obtinrent en outre le droit de consentir des prêts personnels garantis par une hypothèque mobilière.

Les révisions de la *Loi sur les banques* et de la *Loi sur la Banque du Canada* donnèrent lieu à des audiences devant le Comité permanent de la Chambre des Communes sur la banque et le commerce, audiences au cours desquelles le gouverneur de la Banque, M. Towers, fut appelé à témoigner. C'était là une des premières — et, compte tenu du moment, une des plus belles — occasions qui furent données à la Banque de présenter un rapport complet et détaillé sur ses activités. Dans son exposé, M. Towers décrivit les facteurs qui avaient exercé une influence déterminante sur la politique de la Banque dans la période de 1946 à 1953 et déclara qu'à son avis une politique monétaire plus restrictive n'aurait pas,

---

[5]Le mode de détermination du coefficient requis a été modifé en 1967, mais, au moment de la rédaction du présent chapitre, la Banque ne s'était pas encore prévalue du pouvoir de modifier ce chiffre.

dans le contexte international de l'époque, épargné au Canada la flambée des prix qu'avaient connue les États-Unis et les autres pays. Avant de terminer son exposé, M. Towers passa en revue les diverses mesures que la Banque avait prises pour favoriser et stimuler le développement d'un marché financier à court terme; bien que, poursuivit-il, le développement d'un marché monétaire efficace «puisse paraître une question plutôt technique intéressant surtout le système bancaire, la question a réellement beaucoup plus d'importance. Un marché large et actif de titres du gouvernement ainsi que l'agencement qui rend ce marché possible aideront à améliorer celui des autres valeurs et à canaliser les fonds là où ils sont le plus nécessaires au développement de notre pays.»

LA POLITIQUE MONÉTAIRE

Au début de 1952, les fortes pressions inflationnistes engendrées par la guerre de Corée avaient commencé de se relâcher et malgré l'expansion rapide enregistrée tout au cours de l'année, la tendance à la hausse des prix s'atténua considérablement. En mai de cette année, les restrictions apportées en 1950–1951 au crédit à la consommation et au crédit bancaire furent abolies, de sorte que les opérations normales de banque centrale devinrent les seuls instruments de la politique monétaire. Comme nous l'avons dit précédemment, ce retour aux méthodes traditionnelles précipita, entre autres causes, les changements adoptés pendant la période 1953–1954.

Les années 1953–1954 se sont révélées une période de relative stabilité économique, ce qui a sans doute facilité une adaptation sans heurts aux changements apportés. L'économie canadienne continuait de faire preuve de beaucoup de dynamisme au début de cette période; toutefois, la guerre de Corée touchait à sa fin et un armistice fut conclu en juin 1953. En raison notamment de l'arrêt des hostilités, l'activité économique commença de ralentir aux États-Unis vers le printemps de 1953; au cours des quelques trimestres qui suivirent, la réduction du budget de la défense et le fléchissement du niveau des stocks — dont la progression avait été considérable jusque-là — s'accompagnèrent d'une récession dans ce pays. Ce phénomène ne pouvait manquer d'avoir des répercussions sur l'économie canadienne, soumise aux mêmes influences que l'économie américaine. Toutefois, grâce à l'exploitation intensive des ressources naturelles et à la forte demande mondiale d'un grand nombre de produits de base canadiens, cette baisse de l'activité fut plus tardive dans notre pays et nous affecta dans une moindre mesure. Ainsi, en dépit de la baisse sensible de la production et de l'emploi observée dans un certain nombre de secteurs, l'activité resta élevée dans bien des domaines et progressa dans d'autres. Fin 1954, la récession était terminée; l'activité économique se redressa tant au Canada qu'aux États-Unis pour atteindre un rythme d'expansion qu'elle conserverait tout au long de l'année 1955.

La demande de crédit bancaire demeura forte pendant la plus grande partie de l'année 1953, et la politique monétaire de la Banque du Canada garda son orientation restrictive presque jusque vers la fin de l'année. L'augmentation de la demande de crédit bancaire était liée en grande partie à l'accroissement des stocks et dans une moindre mesure à la progression des prêts à la consommation. Lors d'une réunion avec les directeurs généraux des banques à charte, vers le milieu de 1953, le gouverneur exprimait une certaine inquiétude devant le rythme d'expansion des prêts bancaires et des portefeuilles de titres autres que ceux du gouvernement et devant la tendance des banques à laisser leur réserves-encaisse fluctuer au-dessous des niveaux traditionnels. Il recommanda aux banques de ne jamais laisser leurs réserves-encaisse descendre trop bas par rapport au taux de 10% et de les ramener rapidement à ce niveau. Mais, vu que la croissance économique marquait déjà un ralentissement aux États-Unis et que la *Loi sur les banques* allait être révisée, on n'adopta alors aucune autre mesure.

La situation commença à se modifier au second semestre de 1953, au cours duquel se manifestèrent des signes d'un ralentissement modéré de l'activité économique. La demande de crédit bancaire s'atténua et le rendement des obligations du gouvernement du Canada s'inscrit à la baisse, suivant ainsi avec un certain retard la tendance enregistrée par les taux d'intérêt aux États-Unis. La Banque du Canada n'opposa pas de résistance à la baisse du loyer de l'argent enregistrée à la fin de 1953 et au début de 1954 et se contenta de prendre, au second semestre de 1954, des mesures destinées à compenser partiellement l'accroissement des fonds mis à la disposition des banques par suite de l'ajustement à la baisse dont le taux des réserves-encaisse fut l'objet lors de la révision de la *Loi sur les banques*. Les demandes de prêts plafonnèrent et les banques, désireuses de tirer parti de leurs liquidités excédentaires, augmentèrent considérablement leurs avoirs en bons du Trésor et en autres titres du gouvernement. La baisse des taux d'intérêt à court terme se poursuivit et, en février 1955, le taux d'escompte de la Banque du Canada, qui avait été porté à 2% en février 1950, fut ramené à 1 1/2%. Bien qu'à l'hiver 1954–1955 l'économie canadienne eût commencé à se remettre de la légère récession qu'elle venait de connaître, le taux de chômage demeura relativement élevé, et il fallut attendre l'été et l'accélération de l'essor économique pour voir la Banque annoncer une politique moins expansionniste.

Au terme de la période couverte par la présente étude, l'économie canadienne amorça une expansion qui devait susciter bientôt des préoccupations au sujet de l'accroissement des pressions sur les richesses naturelles et de l'apparition de tensions inflationnistes. Ainsi, au cours des vingt années qui ont suivi la fondation de la Banque du Canada, le balancier était presque passé d'une extrémité à l'autre. Si la principale cause de soucis avait été jusque-là la faible réaction de l'économie aux mesures incitatives, au cours des années 50, par contre, on commença à se rendre compte que la situation avait considérablement changé. Vingt ans plut tôt, il s'agissait surtout de créer un organisme nouveau, de lui assigner une politique assez clairement définie et de voir ce qu'il adviendrait de l'expérience, compte tenu des moyens limités mis à la disposition de cet organisme. À l'aube de sa troisième décennie, la Banque du Canada était solidement implantée et sensiblement mieux équipée, mais l'économie était à un stade bien plus avancé, et les problèmes affrontés étaient infiniment plus complexes.

M. Towers, qui avait été placé à la tête du nouvel organisme en 1934, prit sa retraite à la fin de 1954. Il fut remplacé par M. James E. Coyne, qui occupait le poste de sous-gouverneur depuis le démission de M. Donald Gordon en 1949. M. J.R. Beattie, précédemment adjoint exécutif des gouverneurs, devint alors premier sous-gouverneur.

* * *

Avant de terminer ce survol des débuts de la Banque du Canada, il convient de rendre hommage à Graham Towers, qui en fut le gouverneur pendant toute la période étudiée. Ce grand commis de l'État est décédé en décembre 1975 à l'âge de 78 ans.

Lorsqu'il prit sa retraite, à la fin de 1954, M. Towers comptait vingt années de service comme gouverneur de la Banque du Canada. Peu d'autres chefs de banque centrale ont eu une carrière aussi longue, et les organismes à la tête desquels ces hommes étaient placés avaient les pieds solides. M. Graham Towers, lui, avait pris la direction d'un corps de l'État qui existait principalement sur papier, et, bien que la *Loi sur la Banque du Canada* eût défini les tâches de la nouvelle banque centrale dans leurs grandes lignes et lui eût accordé certains pouvoirs, ce qu'on attendait en fait de la Banque n'était esquissé qu'assez sommairement. Il incomba à M. Towers, non seulement de guider les premiers pas de la nouvelle institution, mais encore de l'intégrer au monde de la finance. Sous sa direction, la Banque du Canada s'affirma comme un organisme en mesure de faire face aux problèmes difficiles et complexes d'une époque où le milieu extérieur influençait fortement l'économie canadienne. En l'occurrence, son rôle de gouverneur, tout comme la mission de la Banque, s'est révélé bien plus lourd qu'il ne l'eût été en des circonstances plus normales, et ses réalisations en paraissent d'autant plus éminentes. Il se vit confier la mise en place de la Commission de contrôle du change étranger, dont il assuma la présidence jusqu'à sa dissolution; la guerre se poursuivant, il s'occupa de plus en plus activement des mesures destinées à canaliser l'épargne vers l'effort de guerre et fut nommé président du Comité national des finances de guerre en 1943. Il participa également à la planification économique de l'après-guerre et joua un rôle de premier plan dans la création de la Banque d'expansion industrielle, qu'il présida pendant une dizaine d'années.

Comme il a été dit plus haut, c'est sous la direction de Graham Towers que furent prises au début des années 50 les mesures destinées à favoriser le développement d'un marché monétaire, initiative qu'il n'eût pas été possible d'entreprendre plus tôt, mais qui était pratiquement indispensable si l'on voulait permettre à la Banque de remplir ses fonctions après le retour à la normale des conditions économiques. Lorsqu'il accepta la démission de M. Towers en 1954, le Conseil d'administration de la Banque tint à lui rendre un chaleureux hommage, dont voici un extrait : «. . . par la clairvoyance dont il a fait preuve au cours des vingt ans où il a guidé les premiers pas de la banque centrale, il a contribué de façon exceptionnelle au renforcement de la structure financière du Canada et au développement de toute l'économie de notre pays.» Ayant fondé la Banque du Canada et veillé sur ses destinées pendant une aussi longue période, M. Towers a marqué cette institution d'une empreinte indélébile, qui, si elle n'est peut-être pas toujours visible pour le nouveau personnel de la Banque, n'en reste pas moins incontestable jusqu'à ce jour.

Le siège de la Banque du Canada en 1938. Architectes : Marani, Lawson et Morris. La conception des tympans, qui symbolisent sept branches d'activité, est l'œuvre de Jacobine Jones. (Archives de la Banque du Canada)

Index

The Bank of Canada

Origins and Early History

The Carleton Library Series

A series of original works, new collections and reprints of source material relating to Canada, issued under the supervision of the Editorial Board, Carleton Library Series, Carleton University Press Inc., Ottawa, Canada.

The Bank of Canada
Origins and Early History

by
George S. Watts

edited by
Thomas K. Rymes

Carleton University Press
Ottawa, Canada
1993

ISBN 0-88629-182-8 (casebound)
ISBN 0-88629-183-6 (paperback)

Printed and bound in Canada

Carleton Library Series 174

Canadian Cataloguing in Publication Data

Watts, George S., 1909–
The Bank of Canada

(Carleton Library Series 174)
Text in English and French.
Title on added t.p., inverted: La Banque du Canada.
Includes Index.
ISBN 0-88629-182-8 (casebound)
ISBN 0-88629-183-6 (paperback)

1. Bank of Canada–History. I. Rymes, T.K. (Thomas Kenneth), 1932– . II. Title. III. Title: La Banque du Canada. IV. Series.

HG2706.W38 1992 332.1′1′0971 C93-090009-XE

Distributed by Oxford University Press Canada,
70 Wynford Drive,
Don Mills, Ontario,
Canada. M3C 1J9
(416) 441-2941

Cover design: Y Graphic Design

Acknowledgements

Carleton University Press gratefully acknowledges the support extended to its publishing programme by the Canada Council and the Ontario Arts Council.

Contents

List of Illustrations

Editor's Preface

The Carleton Library Series of Carleton University Press publishes collections of documents, reprints of important works and original studies in many fields such as Canadian literature, history and social sciences. The valuable collection in economics is now augmented by a reprinting, with the splendid collaboration and financial assistance of the Bank of Canada, of a series of seven articles on the origin and early history of the Bank written by Mr. George S. Watts for the *Bank of Canada Review*.

Former Governor of the Bank of Canada, Mr. Gerald K. Bouey, in his Foreword, sets the stage for an appreciation of the Watts articles.

The editor wishes to thank the current Governor, Mr. John Crow, for his support for this undertaking, Mr. Bouey for his Foreword, Mr. Robert Price for his biographical note on Mr. Watts and Ms. Jane E. King and Ms. Jane Witty of the Bank for their collaboration in working on this volume, the Bank of Canada for its encouragement, archival, editorial and translation services and financial assistance and, of course, Mr. George S. Watts for his willingness to have his articles reprinted in the Carleton Library Series.

Thomas K. Rymes
Professor of Economics

Foreword

Readers interested in the beginnings of central banking in Canada — especially the first two decades of the Bank of Canada (1935–1954) — are indebted to Mr. George Watts for this informed account.

The book comprises seven articles which were published at intervals in the monthly *Bank of Canada Review* between May 1972 and January 1976. The preparation of the articles was related to the launching of the Bank's new *Review* but, more important, it reflected the view that after almost 40 years of operation it was time to make a start on writing the history of the Bank. Given his keen interest in the subject and his long service with the Bank, Mr. Watts was the natural choice to undertake this work. His object was to provide a descriptive, narrative account of the Bank and its antecedents, rather than a critical study.

Although Mr. Watts was not "present at the creation", he joined the staff of the Bank not long after it opened for business and was thoroughly familiar with its very first days. And fortunately he begins his story with what he calls the prehistory of the Bank. He covers the institutional arrangements that allowed Canada to enjoy a relatively advanced financial system for many years before 1935. As Mr. Watts says in the very first sentence of the first chapter, "The establishment of a central bank came comparatively late in the economic development of Canada." He describes the early establishment of some central bank-like functions within government, the build-up of interest in the formation of a central bank in the twenties and thirties, and the events leading up to the establishment of the Bank of Canada.

Readers in the 1990s, even more than those in the 1970s, will appreciate the difference between the environment in which the Bank began operations and the challenges it later faced. Considering the high inflation rates and high interest rates that have

been experienced at times during the last two decades, one dramatic way of making this point is to note that the Bank Rate (the minimum rate at which the Bank is prepared to make advances to chartered banks) was set at 2 1/2 per cent when the Bank began operations in 1935, remained unchanged until it was reduced to 1 1/2 per cent in 1944, then was raised to 2 per cent in 1950. That was the extent of its variation until 1955. This experience reflected the fact that the Bank was born in the midst of a severe depression, the Second World War quickly followed with price and other direct controls on the economy, and a depression psychology persisted for a considerable period after the end of the war. There was widespread apprehension that the period of war-time prosperity might turn out to be just an interlude in a prolonged period of depression. As Mr. Watts indicates,[1] this attitude was starting to change towards the end of the period he covers. But it was not until the early seventies that the reversal was complete, making inflationary expectation a dominant influence in the economy.

International financial conditions and the domestic environment within which the Bank operated in its early years were consistent with the perception that monetary policy did not need to be seriously concerned with persistent inflationary threats. In the United States it was not until the early fifties that the Federal Reserve System began to move very gently toward an active monetary policy. In Canada, the maximum interest rate that the chartered banks were allowed to charge on loans was limited in the 1944 Bank Act to 6 per cent, while the chartered banks' prime rate (the rate at which banks make loans to their best customers) was never lower than 4 1/2 per cent. This was a clear indication that Parliament felt that little room needed to be left for upward movements in short-term interest rates. Moreover, any substantial movement in interest rates in Canada given the background of relatively stable U.S. rates might well have produced exchange rate problems. Finally, well into the postwar period, the Government of Canada's fiscal position was in surplus, and this limited the need for an anti-inflationary monetary policy.

In these circumstances, when it was desirable from time to time to dampen down the growth of spending in the economy, there were some periods of mild, traditional monetary restraint;

---

[1]See Chapter VII, p. 101.

but the Bank relied more often on moral suasion to restrict certain forms of chartered bank credit. This was a period when alternative channels of commercial credit were not yet well developed. Again, as he indicates in his references to the Bank's actions to promote the development of an efficient money market, this situation was beginning to change towards the end of Mr. Watts' story.[2]

Although the kind of active monetary policy we know today would not have been appropriate in the early years, this did not mean that the Bank was able to take life easy. Mr. Watts describes in some detail the other tasks to which the Bank devoted its energies, many of which lay outside what could be regarded strictly as its own field of responsibility. These included: in the early days, building up its organization and establishing operating procedures and relations with the financial community; in the depressed late thirties, its involvement in provincial government financial problems and federal-provincial relations; after the outbreak of war in 1939, its very important participation in war-time finance, foreign exchange control, price control and advising on tax policy; and, starting well before the war ended, its involvement in planning for the postwar period. The latter included, on the international front, participation in establishing the International Monetary Fund and the World Bank and, on the domestic front, the establishment of its own subsidiary, the Industrial Development Bank, later the Federal Business Development Bank, which was designed to provide credit to small businesses when it could not be obtained elsewhere on reasonable terms and conditions. The Bank continued to be interested in "outside" activities, but devoted relatively less attention to them as economic conditions gradually began to require a more active monetary policy.

With the rich and concise background material in this history, students of central banking and monetary policy in Canada are not likely to find a better place to commence their studies than Mr. Watts' excellent collection of articles.

Gerald K. Bouey

[2]See Chapter VII.

Biographical Note on George S. Watts

George Watts was born in Milton, Ontario in 1909, the son of a Presbyterian Minister. When he was four, the family moved to Hamilton, and at eight, to the Sandy Hill district of Ottawa. The rest of his childhood years was spent in Ottawa. Mr. Watts entered Queen's University at Kingston in 1927, from which he graduated with Bachelor and Master of Arts degrees in Economics. Beginning in 1931, he spent two years doing graduate work at Columbia University. Following a post as teaching fellow at Amherst College in Massachusetts, he entered the Bank of Canada's Research Department in 1936, and became the Bank's expert on the balance of payments and international trade. Mr. Watts recalls that during this early period, the Bank was a small institution. The staff, who numbered about 230 when he joined the Bank, were a close-knit group. Even junior staff often found themselves working directly with the Governor and Senior Deputy Governor and were expected to turn their hand to a variety of tasks. Without specialized training, they acquired the necessary knowledge on the job.

With the outbreak of war Mr. Watts divided his time between the Bank and the newly created Foreign Exchange Control Board. As he writes in this volume, the Board was established "as a separate body [from the Bank of Canada] but the relationship of the Board with the Bank . . . was so close that in many respects the two were indistinguishable." For many years he was an alternate director of the Export Credit Insurance Corporation, later the Export Development Corporation. He became a part-time lecturer in international trade at Carleton University for about a dozen years beginning in the late 1940s. He transferred to the International Department at the Bank of Canada when it was set up in 1971.

Through this period, Mr. Watts developed a keen interest in the history of Canada's central bank. While preparing this series of articles, he was asked by Governor Rasminsky to set up a Bank of Canada Archives, and to serve as its first Archivist. Although Mr. Watts' "official" retirement date was in 1977, he has continued to serve as a consultant, first on a part-time basis, then as a volunteer, for the Bank's Archives.

Mr. Watts married Katharine Sutliff Foster of Princeton, N.J. in 1936. They have two sons, George and William, and two grandchildren. Mr. and Mrs. Watts continue to live in Ottawa, where, in 1990, a street in their old neighbourhood was named George Watts Lane.

Robert T. Price

George S. Watts, author. Photograph by Newton, Ottawa.
(Bank of Canada Archives)

CHAPTER I

The origins and background of central banking in Canada

The establishment of a central bank came comparatively late in the economic development of Canada. The Bank of Canada commenced operations on 11 March 1935. This was twenty-two years after the formation of the Federal Reserve System in the United States and somewhat later than establishment of, or the introduction of legislation for, central banks in other major countries in the British Commonwealth. Moreover, history shows that there was little serious interest in the question of a Canadian central bank prior to the late 1920s and that, although the onset of the depression in the early 1930s brought growing criticism of the existing financial system, advocacy of a central bank was limited to a small group. Indeed, the fact that the Bank of Canada was established at this particular time appears to have been mainly due to Prime Minister Bennett and support by a few influential persons in financial and academic circles, rather than to any widespread demand throughout the country for a central bank.

THE EARLY BACKGROUND

The lack of any pronounced interest in, or pressure for, a central bank prior to the late 1920s may be explained by the economic and political circumstances of the period and, in particular, by the way in which the Canadian banking system had developed over the previous century. One of the more singular aspects of the history of banking in Canada is that, in contrast to many other areas of the economy where the influence of the United States was marked, banking from the earliest days developed indige-

*First published in *Bank of Canada Review*, May 1972, pp. 15–27.

nously, displaying characteristics quite different from those of the U.S. system. This is not to suggest that banking in Canada was immune from U.S. influence. Indeed, the charter of the Bank of Montreal was essentially based on that of the second Bank of the United States and, although the latter had only a short history, the Bank of Montreal's charter became the prototype for most of the other early Canadian banks. Later, around the middle of the nineteenth century, efforts were made, with official support, to introduce in Canada something approaching the unit banking system, but without lasting success.

There are various reasons why Canadian banking tended to follow a course independent from that of the United States. At the time banks were being established in the United States many communities were large enough and sufficiently diversified to support independent local banks. No less important was the anti-centralist philosophy, which produced a lasting bias against large institutions and became enshrined in laws relating to banking. It spelt the downfall of the Bank of the United States. In Canada, on the other hand, the continuing imperial connection and a large influx of British (particularly Scottish) staff, no doubt contributed to a banking philosophy and structure more closely akin to British practice. Reflecting this British influence, the legislatures in British North America were disinclined to grant bank charters freely and this, no doubt, contributed to the growth of branch banking. Most important was the fact that the early banks were established in response to local needs and had to be adapted to them if they were to succeed. Unlike the United States at that time, the Canadian economy was largely based on agriculture, lumbering and related industries — activities that were highly seasonal in their operations and in their financing requirements. The branch bank network also made it easier to transfer notes and other resources in response to seasonal demands of these industries, which varied in their timing from one part of the country to another. In addition, there were relatively few centres of population of any size in Canada, and the small rural settlements were spread out over an extended area. In an underdeveloped and weak economy, less capital and fewer skilled officers were required to establish branch banks than would have been required for independent banks at each location. Thus branch banking made it possible to extend

facilities into areas where they would not have been viable under a unit banking system.

Undoubtedly, the development of branch banking was one of the main reasons why Canada did not experience some of the problems that prompted the establishment of the Federal Reserve System in the United States — problems relating to the note issue, the handling of government accounts and bank clearings as well as liquidity. Abuses of the note issue privilege did occur in Canada in the early years. However, once steps were taken to protect note holders, note issue arrangements worked relatively well over the period of about a century when the chartered banks provided the bulk of notes in circulation. They also provided a reasonable degree of elasticity to meet seasonal or unexpected demands. Although a uniform and safe note issue was established in the United States, the lack of elasticity in the arrangements contributed to recurring money panics and pressure for reform.

The number of banks in Canada throughout this period was considerably greater than in recent times. Nevertheless, there were always one or two banks (and later more) of national scope, commanding sufficient resources to undertake the business that smaller, mainly regional banks could not handle. The outstanding example of such a bank was the Bank of Montreal, which for many years was the only bank capable of handing the Government account. In fact, for a short period around the time of Confederation, this bank performed most of the functions and exercised the kind of control that would have been expected of a central bank at that time. While these powers were soon cut back, the Bank of Montreal continued for many years to handle all or most of the Government business. The fact that there was a bank of sufficient size to deal with Government business without strain meant that Canada was never faced with the same problems as the United States Government which, before the establishment of the Federal Reserve System, had to conduct its banking business through a myriad of unit banks.

The branch bank network also facilitated the growth of an adequate system of clearing houses in Canada as the need developed; this was not the case in the United States where clearings remained a problem until the establishment of the Federal Reserve System. The informal arrangements for clearings which had been

developed in Canada were eventually formalized on a statutory basis by the Canadian Bankers' Association (CBA), following its recognition in the Bank Act revision of 1901 as an agency for the supervision and control of certain activities of the banks.

Much of the impetus for the founding of the CBA came from the desire of the banks to discuss mutual problems and, in particular, to present a common front at parliamentary hearings on the decennial revisions of the Bank Act, when the charters of the banks came up for renewal. Its founding, which had been preceded by earlier informal meetings, also provided a well-established medium of communication between the banks and the Government, a role in which the CBA was of great help during the First World War when the advice and assistance of the banking community was very important. In this respect, the functions assumed by the CBA were a factor in reducing the urgency of the need for a central bank.

The 1914-18 war had consequences of major significance for the banks, affecting in particular their relationship with the Government. Of course, the outbreak of war brought unprecedented financial problems to the Government, and the Department of Finance, operating with a small staff inexperienced in the large-scale financial activities connected with the war, had to rely heavily on the banking community for advice and assistance. For their part, the banks were faced with situations that could have been serious without Government support and backing. Throughout the war years there was almost continuous co-operation between the chartered banks and the Government.

In the period immediately prior to and after the outbreak of war there were occasional, though not extensive, runs on banks as the public attempted to convert deposits into cash. To protect the banks, meetings were hastily arranged between Cabinet ministers and leading bankers. Certain of the steps taken were orthodox ones for coping with an emergency situation: gold payments were suspended, the Dominion of Canada note issue was increased, and provision was made (though never used) for a moratorium on debts.

Additional measures that went considerably further were introduced by Order in Council and later incorporated into the Finance Act of 1914, which was principally drafted by the Minster of

Finance, Thomas White. The most significant feature of the Act was the provision whereby the chartered banks, on presentation and discounting of approved securities or other instruments, could obtain Dominion notes from the Minister of Finance. In effect, this meant that the cash reserves of the chartered banks could be expanded; thus the operation of the Finance Act paralleled one of the main functions of a central bank.

Apparently the Finance Act was conceived as a precautionary measure to be used only in an emergency, but since it remained on the statute books for about twenty years and was employed increasingly as time went on, its role became very significant indeed. Initially the Finance Act was used sparingly. Although at times during the war, advances under the Act exceeded $100 million, they were mainly used to meet Government financing requirements between War Bond issues. After the war the relationship between the chartered banks and the Government returned to a position closer to that of the pre-war years, but the Finance Act continued to be used. Advances to the chartered banks under the Act declined somewhat in the immediate postwar period, then rose again as more extensive and continual use was made of the provisions for discounting.

Although the effect of operations under the Finance Act during this period was similar to a major central banking function, comparatively little is known about the principles on which these operations were based. Advances were authorized by the Treasury Board which in the late 1920s consisted of the Ministers of Finance (chairman), Railways and Canals, Customs, and the Interior, and the Postmaster General, with the Deputy Minister of Finance acting as ex-officio Secretary. The rate at which these advances were made (i.e., the discount rate) was varied from time to time, generally in line with interest rates in London and New York. In later years, Prime Minister Bennett spoke of the chartered banks having been granted lines of credit or maximum drawing rights for advances but there is no evidence that these limits were applied in a restrictive way, though at least on one occasion the threat of raising the discount rate was apparently used to deter the banks from increasing their call loans in New York. From all that can be learned, however, the operation of the Finance Act in effect constituted a highly permissive — if not an open-ended — form of central

banking. The limited evidence available suggests that there was little if any regard for broad economic criteria in determining the level of advances and that there was no real appreciation of the consequences of the use of the Finance Act throughout most of its existence.

PROPOSALS FOR A CENTRAL BANK

Although the first suggestions for a central bank were made early in this century, a much earlier proposal by Lord Sydenham in 1841 for a provincial bank of issue, the Bank of the Province of Canada, is of historic interest. The proposal was not of course for a central bank in the modern sense of the term but, had it not been defeated, it is not unreasonable to believe that in time such an institution would have assumed the characteristics of a central bank. Lord Sydenham, unlike other governors, had extensive financial experience in London and he may well have expected that this proposed institution would eventually have had a wider scope.

The first specific proposal for a Canadian central bank seems to be that of W.F. MacLean (South York) in the House of Commons on 21 January 1913. He suggested that Canada should have a "great national bank or state bank . . . somewhat along the lines of the Imperial Bank of Germany". Its functions were not clearly spelt out but it was to be based on a consolidation of "two or three of the largest banks", it was to be under private ownership subject to government control and it was to be a bank for the provinces and for the large corporations. It is of interest to note that the proposed bank was to be called the Bank of Canada. The proposal was not really debated; although Mr. MacLean received some indication of approval from one or two members, Prime Minister Borden declared that he did not believe that there was any "present necessity" for such a bank.

In 1914 two leading bankers advocated the idea of a central bank, with one going so far as to suggest the appointment of a committee of experts to study the question. Coming when they did, these proposals seem to have been prompted as much by the concurrent inauguration of the Federal Reserve System in the United States as by the specific needs of the Canadian economy.

In 1917 and 1918 a plan for a Canadian central bank came up again in more definite form. Prompted partly by problems relating

to the war, this proposal was the brainchild of E.L. Pease, vice-president and managing director of the Royal Bank of Canada. The proposed institution would have been jointly owned by the Dominion Government and the banks. It would have been government controlled and would have taken over the Dominion note issue and Finance Act functions. The Government would have appointed its directors on the nomination of the CBA. This was the first practical proposal clearly related to the characteristics of the Canadian financial system. Mr. Pease seems to have had some encouragement from Sir Thomas White in working out his proposal, although this does not seem to have implied agreement on the part of the Minister of Finance. There was a good deal of opposition when the proposal was discussed by the CBA and the idea was dropped without any public discussion.

The question of establishing a central bank in Canada came up again at the time of the Bank Act revision of 1923. The House of Commons Banking and Commerce Committee on that occasion recommended that its terms of reference be widened to study the purpose, organization and operation of "one type of properly administered central or reserve bank". Supporters of the idea were mainly members of the Progressive Party from the western provinces, although other parties and regions were also represented. Western discontent, stemming from the postwar deflation, seems to have been the main motivating force behind the recommendation. The proposal centred around the establishment of a somewhat ill-defined Federal Reserve System, rather than an institution directly designed to meet Canadian needs. With hindsight, it is clear that this approach probably served to delay rather than to promote the establishment of a central bank. Supporters of the proposal seemed to have had little real understanding of the Federal Reserve System or of the complex underlying factors that had contributed to its founding. Opponents of the proposal — mainly the chartered banks — were thus able to demonstrate with relative ease that circumstances were different in Canada owing to the existence of a branch banking system.

In the late 1920s, stronger and more carefully reasoned arguments in support of a central bank were expressed in several quarters. At Queen's University, members of the economics faculty, in particular Professor C.A. Curtis, began to advocate the estab-

lishment of a central bank. First advanced in somewhat theoretical terms, their arguments became more immediately relevant as advances to the chartered banks under the Finance Act rose sharply with the growing transfer of banking funds into call loans in New York during the stock market boom of 1928–29. They pointed out that despite Government assurances to the contrary these transactions had effectively driven Canada off the gold standard thus indicating clearly in their view the need for a properly constituted monetary authority. Support for the idea of setting up a central bank was also expressed in the twenties by several officers of the Royal Bank of Canada.

There is nothing to suggest, however, that the Canadian Governments of the 1920s had any particular interest in the subject. Prime Minister King was not particularly at home in financial matters, and his Ministers of Finance were strongly conservative and unlikely to favour as major an innovation as a central bank. In fact, it is more than likely that the Government resisted the suggestion. The Governor of the Bank of England, Montagu Norman, was keenly interested in promoting international stability partly through the establishment of a network of central banks, and he had a special interest in the founding of Commonwealth central banks. That Canada, in financial matters the most advanced of the Commonwealth countries, escaped his attention is unlikely; there is some evidence that he was encouraged in this regard by Sir Edward Peacock, a prominent Canadian financier in London and a director of the Bank of England. It is probable, however, that informal soundings had underlined Prime Minister King's unreceptiveness to such suggestions coming from London.

The depression in the 1930s does not seem to have resulted immediately in greater interest in a central bank, but it contributed to a change in Government and an unprecedented public questioning of the financial sytem. There were widespread criticisms of the way the banking system was operating, but they did not as a rule involve proposals for a change in the existing structure. There was little understanding of the role of a central bank among the general public or within government circles, and thus little pressure for the establishment of such an institution.

In fact, the founding of the Bank of Canada in 1934 appears to have been largely due to the initiative of one person — Prime

Minister Bennett. In early 1934 Mr. Bennett was questioned in the House of Commons about a speech he had made in London, Ontario, on 7 December 1933. He was quoted as saying that when the United Kingdom went off the gold standard in 1931 "I learned to my surprise that there was no direct means of settling international balances between Canada and London, that the only medium was New York and the value of the Canadian dollar would have to be determined in Wall Street. I made up my mind then and there that this country was going to have a central bank because there must be some financial institution that can, with authority, do business for the whole of the Dominion with other nations of the world. If Canada is to be financially independent, there will have to be a means of determining balances, or settling international accounts and a central bank would provide this." This rather narrow view of central banking is not too surprising in view of the circumstances of the times and it is interesting to note that throughout the subsequent discussion there continued to be considerable emphasis on the external functions of central banking. It is possible that this interest by Mr. Bennett may have been encouraged by influential persons in the United Kingdom.

The first public reference to a central bank by Mr. Bennett was in February 1932 when he stated that it was a subject worthy of debate. He hastened to add that he was not committing himself but that "all that can be said with respect to the subject cannot be said on one side." In March 1933 the Minister of Finance announced that, the Government proposed "to appoint a Royal Commission to study the organization and working of our entire banking and monetary system, to consider the arguments for and against a central banking institution and to make recommendations for revising and supplementing our existing banking and monetary legislation."

THE MACMILLAN COMMISSION

Events moved rapidly following the announcement of the proposed Royal Commission. During a trip to England in the late spring of 1933 Mr. Bennett asked Lord Macmillan, an eminent jurist who had recently served as chairman of the U.K. Commission on Finance and Industry, to head the Royal Commission on Banking and Currency in Canada. Lord Macmillan accepted the

chairmanship of the Commission and, at his request, Sir Charles Addis, a former director of the Bank of England and a member of several previous financial inquiries, was appointed a commissioner. The remaining commissioners were Sir Thomas White and Mr. Beaudry Leman, both prominent Canadian bankers, and Premier Brownlee of Alberta. The latter was presumably appointed to act as spokesman for the evident economic discontent of the western provinces. Sir Thomas White was also a logical choice, because of his earlier experience as Minister of Finance and the fact that he had drafted the Finance Act.

The British members arrived in Canada on 4 August 1933 and on 8 August they met with their Canadian confrères. The hearings were completed by 11 September at which time Lord Macmillan announced, somewhat to the dismay of his colleagues, that he intended to have the report completed before his return to the United Kingdom in a few weeks.

The Royal Commission attempted to accommodate those who wished to make submissions by holding hearings in a number of centres across the country and it seems clear that a part of its function was educational. Nevertheless, there were complaints that the speed with which the commissioners carried out their task resulted in lack of time for preparation of submissions by interested parties. The report itself was a short document by later standards, and would have apparently been still shorter had Lord Macmillan's suggestion been accepted to exclude the section on the historical background, prepared by Professors C.A. Curtis and F.A. Knox. In reading the report today, it is difficult to avoid the conclusion that the investigation was rather cursory. Obviously little effort was made to reconcile the differences of opinion, to analyze thoroughly the issues involved, or to articulate fully the recommendations reached. The report seems to stress the desirability of establishing a central bank on general grounds rather than specifically in a Canadian context. On the other hand, given the extent of knowledge and the availability of data at that time, it is unlikely that a more extensive inquiry would have resulted in materially different conclusions.

Because of the composition of the Commission, a report favouring the establishment of a central bank was to be expected. The two Canadian bankers opposed the idea as did virtually all of the

banking community with the notable exception of a group in the Royal Bank of Canada. But the British members were accustomed to an environment in which a central bank was an integral part of the financial system and, since other Commonwealth countries had established or were in the process of establishing central banks, the absence of a central bank in Canada would have seemed odd to them. Premier Brownlee favoured a central bank in principle, though he did not claim any expertise on the subject.

The framing of the recommendations must have been left largely to the British members. In this, they were assisted by Mr. Raymond Kershaw, an adviser with the Bank of England, who had been loaned to Lord Macmillan to act as his personal assistant. Mr. Kershaw's special area of interest at the Bank of England was with Commonwealth countries, and he had been involved in the establishment of central banks in a number of Commonwealth countries.

Because of his experience, Mr. Kershaw was assigned the task of drafting the operative chapter — Chapter 5 "The Existing Canadian Financial System and the Establishment of a Central Bank"; the draft was largely accepted. The only modification of importance, apart from the inclusion of a four-paragraph prefatory section written by Lord Macmillan, was a change in emphasis in paragraph 219, where Mr. Kershaw had referred to the need for a central bank to be free from political influence. Mr. Kershaw recalls that by a few changes in the wording of this paragraph, Lord Macmillan, who was strongly opposed to public ownership, strengthened its meaning so that the inference was clearly in favour of private ownership.

Mr. Kershaw also prepared Part I of the Appendix "Suggestions as to some of the Main Features of the Constitution of a Central Bank for Canada". This was only a skeleton outline but it became in fact the framework for the Bank of Canada Act. In essence, the outline followed the pattern of legislation establishing other Commonwealth central banks, with adaptions to Canadian conditions.

Although Sir Thomas White and Mr. Beaudry Leman were firmly opposed to the idea of a central bank some of their observations are of interest. Sir Thomas, in one of his dissents, which perhaps reflected his experience as a Minister of Finance as

well as a banker, indicated that his views could change when the Canadian economy became more mature; but he felt that if such a bank were established it should be publicly controlled. Mr. Leman seems to have had reservations about the suggestion that the new central bank should act as fiscal agent for the provinces as well as for the federal Government, indicating that such a provision could involve constitutional problems. The views of the dissenters on some of these matters eventually prevailed and were embodied in revisions to the Bank of Canada Act in later years.

While the British commissioners, assisted by Mr. Kershaw, were largely responsible for the recommendations in the report, other people contributed to its preparation. The Secretary and Assistant Secretary of the Royal Commission were B.J. Roberts and A.F.W. Plumptre, respectively. A particularly influential member of the group responsible for the founding of the Bank of Canada was Dr. W.C. Clark. A Canadian by birth and education, he had had a long business and financial career in the United States, returning to Canada in 1931 to become Professor of Economics at Queen's University. As noted earlier the economics staff at Queen's strongly supported the idea of a central bank so that Dr. Clark was undoubtedly familiar with the various aspects of the question. In November 1932, he left Queen's to become Deputy Minister of Finance. Although it is impossible to verify the rumour that the establishment of a central bank was a condition of his acceptance of the post, there is no doubt that he supported the proposal vigorously from the first. Dr. Clark appeared before the Commission as a witness, but his role there was to explain the existing financial system rather than to encourage the establishment of a central bank. However, he undoubtedly was in touch with members of the Royal Commission and its staff and was almost certainly responsible for some features of the draft outline of a central bank constitution that related to special Canadian circumstances.

The report of the Macmillan Commission was completed within two months and delivered to the Government on 27 September 1933. On 20 November 1933, about a week after the report was made public, the Prime Minister announced his intention to proceed with the establishment of a central bank.

CHAPTER II

The legislative birth of the Bank of Canada

The report of the Royal Commission on Banking and Currency in Canada recommending the establishment of a central bank, was delivered to the Government on 27 September 1933; a year and a half later the Bank of Canada was ready to commence operations. Before this could be achieved, a number of difficult and complex steps had to be taken. The recommendations of the Macmillan Commission had to be assessed from the point of view of preparing legislation that would provide for a central bank with the appropriate powers to operate effectively in the Canadian environment. Once a bill had been drafted, it had to be debated and passed by Parliament. Practical problems had to be met in bridging the change-over resulting from the Bank's assumption of various functions hitherto performed by the Department of Finance. In addition, shares had to be issued, directors appointed, management and staff selected and quarters found.

The Macmillan Report was not made public until mid-November and on 20 November 1933 Prime Minister Bennett stated in a nationwide broadcast dealing with economic matters that legislation for a central bank would be presented shortly. Legislation was introduced on 22 February and it received Royal Assent on 3 July 1934. It had been hoped that the Bank of Canada would commence business at the beginning of 1935 but this proved to be impracticable; the Bank opened its doors on 11 March 1935.

---

*First published in *Bank of Canada Review*, August 1972, pp. 13–26.

THE LEGISLATIVE FRAMEWORK

A basis for the draft of an act to incorporate the Bank of Canada had been provided by the Report of the Macmillan Commission, particularly in the Appendix on suggestions for some of the main features of the constitution of a central bank for Canada. Consideration was given to securing the services of a Bank of England official to assist in the preparation of legislation, but in the event this did not come to pass; there was, however, correspondence with the Bank of England on various technical matters. The legislation was prepared under the direction of Dr. W.C. Clark, Deputy Minister of Finance, who in fact drafted much of it himself. At the same time Prime Minister Bennett seems to have assumed a good deal of the ministerial responsibility for the progress of the bill and must have devoted more time to it than would normally have been expected from a Prime Minister.

It is clear from a comparison between the bill and the Appendix to the Macmillan Report that the suggested framework was followed quite closely. The recommendation that the central bank be privately owned with the directors elected by the shareholders was adopted, as was the tentative suggestion that the new central bank should be given the authority to act as fiscal agent for provincial governments as well as for the federal Government.[1] The Report's recommendations for a 25 per cent gold cover against Bank of Canada notes and for a consolidation of gold reserves were also accepted.

In providing for a 5 per cent minimum cash reserve on a daily basis by the chartered banks against domestic deposit liabilities, the drafters of the bill adopted the figure proposed by the Macmillan Commission. Although the commissioners, in choosing this figure, had considered the requirements of the Canadian financial system, it was, according to Raymond Kershaw,[2] the standard figure proposed for banking legislation in Commonwealth countries.

---

[1]The Bank of Canada became publicly owned to the extent of 51 per cent in 1936 and 100 per cent in 1938. The provision in the bill empowering the Bank to act as fiscal agent for the provinces was never used and was repealed in 1967 in accordance with the recommendation of the Royal Commission on Banking and Finance (1964).

[2]Mr. Kershaw, an adviser with the Bank of England whose special interest was central banking in Commonwealth countries, was loaned by the Bank to act as Lord Macmillan's personal assistant during the

Acceptance of the 5 per cent ratio by the Canadian authorities was based on several factors: it seemed advisable to establish a low figure relative to the average traditionally maintained by the chartered banks while the new system was evolving; the central bank would begin functioning at a time when the Canadian economy was still recovering from the depression and when the Government was already committed to a policy of easy credit conditions. Although the chartered banks had traditionally maintained cash reserves at a level substantially higher than 5 per cent, there had been times in the late 1920s and early 1930s when such a requirement would have exerted a restraining influence on some of the banks. Cash ratios had on occasion fallen near or below 5 per cent, though at month-ends or fiscal year-ends reporting requirements resulted in a tendency for the banks to "window-dress" by obtaining temporary advances under the Finance Act in order to present a stronger cash position than would have been shown on a daily average basis. In the event, the legal requirement for a minimum cash reserve of 5 per cent remained unaltered until the 1954 Bank Act revision. Since the 5 per cent minimum reserve applied to each day, a cushion was required to ensure that the minimum requirement would not be breached; the chartered banks in practice maintained cash reserves on the average of around 10 per cent during this period.

The provisions in the bill for the central bank to act as fiscal agent for the Government in the management of the public debt, taking over this function from the Department of Finance, also followed the recommendations of the Macmillan Commission. It appears that the Finance Department not only concurred in this decision but was very much in favour; there is evidence that the Government believed it to be administratively advantageous to divest itself of this specialized function since it would leave the Department of Finance free to operate as a relatively small department, mainly concerned with formulating policy. Of course, in this role it would be assisted by the Bank of Canada as an adviser but the Bank, as a specialized agency, would look after the

writing of the Report. He was assigned the task of drafting the operative chapter (Chapter 5) and Part I of the Appendix "Suggestions as to some of the Main Features of the Constitution of a Central Bank for Canada".

technical aspects of debt management and, since it was expected to be self-supporting, would bear the costs involved.

In one fundamental respect, however, the Bank of Canada Act clearly showed a change in emphasis from the Macmillan Report. Two quotations illustrate what is meant in this connection. Paragraph 206 of the Macmillan Report describes the general functions of the central bank as follows:

> In the first place, from a national point of view, the central bank, within the limits imposed by law and by its capacities, should endeavour to regulate credit and currency in the best interests of the economic life of the nation and should so far as possible control and defend the external value of the national monetary unit. In the second place, from the international point of view, the central bank by wise and timely co-operation with similar institutions in other countries, should seek, so far as may lie within the scope of monetary action, to mitigate by its influence fluctuations in the general level of economic activity. These functions do not, of course, exhaust the tasks of a central bank. Within a state the central bank should, in addition, be a ready source of skilled and impartial financial advice at the disposal of the administration of the day. In return for the privileges which the state confers upon it, the bank should use its store of experience in the service of the community without the desire or the need to make profit a primary consideration.

The preamble to the Bank of Canada bill, now well known, appeared in the following form:

> Whereas it is desireable to establish a central bank in Canada to regulate credit and currency in the best interests of the economic life of the nation, to control and protect the external value of the national monetary unit and to mitigate by its influence fluctuations in the general level of production, trade, prices and employment, so far as may be possible within the scope of monetary action, and generally to promote the economic and financial welfare of the Dominion . . .

It will be seen that while much of the language in the preamble devolved from the earlier statement and the international functions and obligations of a central bank were clearly recognized, greater emphasis was placed in the bill on the domestic responsibilities of a central bank. This change in emphasis is known to have reflected Dr. Clark's views and might be considered to be his

most important general contribution to the shaping of the Bank of Canada's legislative framework.

THE LEGISLATIVE DEBATE

In the parliamentary debate on the Bank of Canada Act, the principle of having a central bank was widely accepted. Feelings ran high on a few matters, but there was no strong opposition to most of the provisions of the bill, and in general the bill moved through the legislative process with a minimum of Government pressure.

The debate can only be appreciated if one keeps in mind the fact that the average member of Parliament at that time was not really in a position to visualize the new institution in concrete terms. Few members had had much direct experience in banking and finance. It was difficult for them to project from the printed page of the bill the way the new institution would operate or the role it would play in the Canadian financial system. Indeed, in many respects the bill did no more than establish a broad framework which would have to be filled in and perhaps altered by experience. It is not clear to what extent the broad terms in which the bill was written reflected a lack of knowledge of the subject, or a deliberate intent not to limit the operations of the Bank through the inclusion of regulations where no adequate basis existed for them, but it is probable that both factors were present.

In placing the debate in perspective it should be noted that both in Canada and in countries with established central banks, the role of a central bank was regarded generally, and even by experts in such matters, as being much more limited than it was to become a generation or two later. At that time central banks were primarily concerned with a well-defined list of technical functions, such as the note issue and dealing in gold and foreign exchange. While they were also regarded as a source of advice to governments on financial matters generally, much less emphasis was placed than is the case today on their ability to influence economic activity through monetary policy. Although Keynesian ideas were in the air and holders of orthodox views had been badly shaken by the depression, laissez-faire views were still prevalent in most countries. Thus, the public and members of Parliament could view the

prospect of a central bank with more equanimity and detachment than would probably have been the case a generation later.

Since so little was known of the potential scope and functions of a central bank, there was a quite wide range of views regarding the part it could be expected to play, some of them quite erroneous. Consequently the Government was faced with the problem of simultaneously justifying the establishment of the Bank of Canada and warning against expecting too much from the new institution. Parliamentary discussion of the role of the Bank in relation to monetary policy tended to equate this aspect of the Bank's function with experience under the Finance Act.[3]

The highly permissive nature of operations under the Finance Act had proved to be unsatisfactory not only during the period of economic boom in the late 1920s as was pointed out in the first chapter, but during the early 1930s as well when business activity plummeted in the depression. A sharp rundown in advances under the Act at that time led to a serious maldistribution of cash among the chartered banks, adding to deflationary pressures. This problem was met by an ad hoc measure in 1932 whereby the chartered banks agreed to obtain advances under the Finance Act and to refrain from repaying them until agreed to by the Government. No doubt this experience re-emphasized the need for a central bank in the eyes of the Prime Minister and the Government. On the question of comparing the role of the new institution with operations under the Finance Act, Mr. Bennett bluntly stated the Government's view: "There is about as much resemblance between the operations of the Finance Act and the central bank as between a lot of steel plates lying in a yard and a finished ship."

It was generally recognized in the debate that while the Bank of Canada Act provided for open market operations by the central bank, it would be a long time before the Canadian financial market would attain the stature to accommodate adequately this function of central banking and that the new institution would

---

[3]The most significant feature of the Finance Act of 1914 was the provision whereby the chartered banks could obtain Dominion notes from the Minister of Finance upon the pledge of approved securities deposited with the Minister. This meant that the chartered banks' cash reserves could be expanded. This Act was intended as a temporary measure to be used only in an emergency but it was in effect for about twenty years.

have to rely largely on other methods of influencing credit conditions. Although treasury bills served as a useful medium for the limited open market operations conducted by the Bank during its early years,[4] there does not seem to be any evidence that the introduction of the sale of treasury bills by tender in March 1934 was directly related to the plans for a central bank.

An interesting sidelight on the temper of the times is provided by the evidence that, although opposition to the principle of establishing a central bank was minimal, there was an undertone of apprehension and suspicion in the debates concerning the possible dangers of the Bank falling under the baleful influence of some vaguely described group of "international financiers". The Bank of England and the Bank for International Settlements (BIS) were specifically mentioned and seem to have been selected as symbols. Much of this distrust emanated from the western provinces, probably reflecting the blame attached to international financial machinations for the severity of the depression, and particularly for the plight of farmers, as well as the influence of populist sentiments in neighbouring areas of the United States. When the Bank of Canada became a shareholder in the BIS in 1970 its action therefore represented a full turn of the circle.

Parliamentary discussion of the bill focussed very largely on the issue of private ownership. Although there were important precedents, for example both the Bank of England and the Bank of France were privately-owned institutions prior to World War II, this aspect of the bill had to bear the full brunt of the two major parties' efforts to differentiate their positions. The Opposition was strongly opposed to private ownership, even though at one stage Mr. King admitted that he could see some advantages. On another occasion Prime Minister Bennett indicated that he had originally visualized a publicly-owned central bank and had only decided against this on being convinced of the apparent dangers of political interference.

Since the question of ownership and control was such a dominant part of the debate, it deserves some attention, even though circumstances changed and the Bank soon became publicly owned following a change in Government. Nearly all of the members

---

[4]See "Government of Canada treasury bills", *Bank of Canada Review*, May 1972, pp. 3–13.

of Parliament agreed that the Bank should be free from political interference and have continuity of management. Equally they were convinced that the Bank had to be responsive to, and operate in harmony with, the Government. The question, which was not resolved, was how this could be accomplished. It was not so much a jurisdictional problem as a question of the surrender of vital powers to a body that could misuse them. The concept of the Government voluntarily divesting itself of certain important powers and transferring them to a privately-owned body was one that naturally gave rise to discussion.

Mr. King, using nautical imagery in a style that was rather unusual for him in public debate, likened the Bank of Canada to an ocean liner. It takes on passengers and cargo (including the gold reserves) and proceeds out to sea "absolutely free from any relationship with the port it has just left or with those who have been responsible for giving it the powers, the passengers, and the cargo it possesses . . . The Bank of Canada starts out on its own, in the world of finance, free to do as it pleases . . . and this House of Commons . . . has no power or control whatever over this institution."

It soon became clear in the debate on the bill that the authority of the Governor of the Bank was central to the whole issue. Yet anyone seeking a rationalization for the transfer of powers to the central bank or a coherent delineation of the ultimate authority for monetary policy will fail to find it either in the bill or in the debates. The Act defined neither the division of responsibility between the Government and the Bank nor the precise powers of the Governor; statements in the House of Commons by the Government on this subject were far from precise and at times contradictory. The Minister of Finance (Mr. Rhodes) in response to a blunt question as to what would happen if the central bank pursued a policy contrary to the views of the Government of the day replied that "unquestionably the authority of the Governor and Board of Directors of the Bank would prevail." He proceeded to distinguish between the Government and Parliament. The Bank could prevail over the Government, but presumably it would have to yield to the broadly based displeasure of Parliament. How this would come about was not elucidated, although there can be no doubt that in principle the Government, as long as it commanded a

majority in Parliament, could ultimately have its way — if necessary, by amending the Bank of Canada Act. A little later in response to similar queries the Prime Minister remarked that "my judgment for what it may be worth, and I offer it after having looked over the bill again, is that the Bank of Canada cannot control the mechanism used by the Government for the purpose of its policy under any circumstances whatever . . . The ideas of the Bank in regard to carrying on open market operations might conceivably be different from what an individual in the Government might think, but I do not see how it could be said for a moment that they would interfere with the general policies of administration."

Under the bill, the Governor would be appointed by the Governor in Council (that is, the Cabinet) for a term of seven years. His authority was increased somewhat by the Government's acceptance of an Opposition amendment to the bill granting the Governor a veto over decisions by the privately-elected directors as a means of curbing their powers.[5] The Prime Minister declared that it was what he had originally intended but he had assumed that the Opposition would not favour it; he did not explain the reason for this assumption. During the debate the Prime Minister stated: "No conclusion can be arrived at unless the Governor of the Bank approves; and the Governor, as I pointed out, is only such person as the Government of the day approves, and no one else." At a later stage in the same debate the Prime Minister accepted the possibility of a difference of opinion between the Governor and the Government, but stated that he could not conceive of this "as a practical question" because of "the continuous communication between the Government and the Bank."

In subsequent years this question of the responsibility for monetary policy arose on a number of occasions. On his appointment in 1961 as Governor, Mr. Rasminsky issued a statement that "if there should develop a serious and persistent conflict between the views of the Government and the views of the central bank with regard to monetary policy which . . . cannot be resolved, the Government should be able formally to instruct the Bank what monetary policy it wishes carried out . . . If this policy, as communicated to

---

[5]An amendment in 1936 qualified this power by providing the Governor in Council with the authority to confirm or disallow a veto.

the Bank, was one which the Governor felt he could not in good conscience carry out, his duty would be to resign." The 1967 revision of the Bank of Canada Act provided that "the Minister may, after consultation with the Governor and with the approval of the Governor in Council, give to the Governor a written directive concerning monetary policy, in specific terms and applicable for a specified period." Also, the provision giving the Governor a veto power over decisions by the directors was repealed at this time.

THE BRIDGING OPERATION

An important preliminary to the establishment of the central bank was the need to provide for a transfer of functions from the Department of Finance to the Bank and for other legislative changes. Prior to the Bank of Canada Act receiving Royal Assent, the Government introduced legislation providing for the repeal of the Finance Act as soon as the Bank commenced operations. A second bill, amending the Dominion Notes Act, provided for the repeal of this Act when the Bank of Canada took over the note issue and at the same time increased the legal limit on that part of the note issue backed by a 25 per cent gold reserve from $50 million to $120 million. Almost simultaneously the Prime Minister, as a reflationary measure, introduced legislation calling for an expenditure of $39 million on public works to be financed by an expansion of the note issue.

The regular decennial revision of the Bank Act had been postponed from 1933 to 1934; most of the revisions thus anticipated the commencement of operations by the Bank of Canada. The Act was revised to require the chartered banks in future to maintain minimum cash reserves in the form of deposits with, or notes of, the Bank of Canada equal to 5 per cent of their Canadian dollar deposit liabilities. Provision was also made for a gradual phasing out of the note issue privilege of the chartered banks.[6]

Another complicated bridging operation involved the transfer to the Bank of Canada of Government holdings of gold, silver and Government of Canada securities; the chartered banks were also required to transfer all gold held against Canadian dollar liabilities to the Bank of Canada when it commenced operations. Although

---

[6]See "The note issue", *Bank of Canada Review*, June 1972, pp. 17–32.

Canada was not on the gold standard and the U.S. price for gold had been officially increased to $35 per ounce, the gold transferred to the Bank of Canada was valued at $20.67 per ounce, the statutory price defined in the Currency Act. The Bank of Canada Act provided that any profit resulting from a revaluation of this gold should be paid to the Government, except for that part of the gold transferred by the chartered banks deemed to have been held by them against foreign liabilities, the profit on which was to be paid to the banks. Legislation passed on 5 July 1935 provided for the establishment of an Exchange Fund Account and for a revaluation of the Bank's holdings of gold to the current market value (that is, the official U.S. price of $35 per ounce adjusted for the exchange rate on the Canadian dollar which was not fixed at that time but was close to parity with the U.S. dollar). This upward revaluation provided a profit of $73.5 million, $10.5 million of which was paid to the chartered banks; the remaining $63 million was credited to the newly established Exchange Fund Account.

The primary purpose of the Exchange Fund Act was to provide for the setting up of a fund that would be available if needed to "aid in the control and protection of the external value of the Canadian monetary unit". The Act provided that the section pertaining to the use of the Fund for this purpose would not come into force until proclaimed by the Governor in Council; this did not occur until 15 September 1939.

THE ORGANIZATION OF A CENTRAL BANK

As the debate on the Bank of Canada Act drew to a close, attention also turned to practical matters of organization. The first question was the selection of a Governor. The Prime Minister had stated originally in quite categorical terms, that there was no one in Canada qualified for the post nor did he believe that among those he had apparently approached was there any great enthusiasm for taking on the job. However, when an unexpected amount of opposition arose on both sides of the House, he denied that he had shut the door on a Canadian appointee and expressed the view that it might be possible for someone to prepare himself for the post. At the same time it was accepted that in the first instance the Deputy Governor should be someone with extensive central banking experience, that is, someone from abroad.

The appointment of Mr. G.F. Towers as Governor was announced in September 1934. He seems to have been the only person seriously considered and was a logical choice, once a decision to appoint a Canadian had been taken. At 37 he was young enough to grow with the job; he had had extensive experience with the Royal Bank of Canada both in Canada and abroad; he had appeared before the Macmillan Commission on behalf of the chartered banks and, in particular, he was known to favour the establishment of a central bank. Mr. Towers' appointment was followed by the announcement before the end of 1934 of the appointment of Mr. J.A.C. Osborne as Deputy Governor. Mr. Osborne had recently been appointed Secretary of the Bank of England but was made available to the Bank of Canada for a period of up to five years.

Another preliminary step was the issuing of shares and the election of directors.[7] Since this would be a lengthy process, the Act provided for a provisional Board composed of senior civil servants who would hold office until the seven directors could be elected by private shareholders. This provisional Board held four meetings between October 1934 and January 1935 to deal with immediate questions of organization.

Demand for the shares was strong and no one received more than 15 shares, with the average estimated unofficially to have been just over eight. This wide distribution of shares posed practical problems in the election of directors. While 69 persons had been nominated, shareholders at the election of directors on 23 January 1935 endorsed the slate proposed by the Canadian Chamber of Commerce, which fulfilled the requirements specified in the Act for occupational diversity. Mr. Thomas Bradshaw, a life insurance executive, received the largest number of votes and was elected Executive Director.

The Act specified that the head office of the Bank be located in Ottawa. This decision was probably influenced almost as much by the difficulty in choosing between the two major financial centres,

[7]The Act provided for the issue of 100,000 shares with a par value of $50. Shareholders had to be British subjects ordinarily resident in Canada. Corporate shareholders had to be controlled by British subjects ordinarily resident in Canada. The maximum holding was to be limited to 50 shares.

Toronto and Montreal, as by the belief that it should be located close to the seat of Government. The Bank of Canada Act did, of course, provide for the establishment of branches and agencies in Montreal and Toronto and other parts of the country as well; the offices of the Receiver General in each province were taken over from the Department of Finance for this purpose.

Temporary office space was found for Mr. Towers for the first few months. At the beginning of 1935 larger quarters were obtained in the Victoria Building on the corner of Wellington and O'Connor Streets. This remained the head office until construction of the Bank of Canada building on Wellington Street was completed in 1938.

By the end of 1934 the staff numbered ten, including the Governor and Deputy Governor. By opening day, 11 March 1935, there was a total staff of 213, including 120 employees transferred from the Department of Finance to the Currency Division and agencies of the Bank. The Currency Division, however, continued to occupy its existing quarters until new accommodation with the necessary degree of security was available in the new building. The transfer of the Loans and Interest Branch of the Department of Finance to the Bank was delayed until 1938 due to the lack of appropriate quarters. Apart from the staff transferred at that time, the size and composition of the Bank's staff remained essentially unchanged from the 221 members at the end of 1935 until into the war years.[8]

Although it is possible to outline the various steps taken to establish the Bank as a functioning institution, it is difficult to describe this phase of the Bank's history in a way that conveys its real flavour. Records do not do justice to the working out of new operating routines and to the necessity for carefully scrutinizing their appropriateness. Not surprisingly, the procedures worked out during these early days bore the personal imprint of those directly involved. Mr. Donald Gordon, as Secretary of the Bank, had the main responsibility for ensuring that the new institution functioned smoothly.

---

[8]The number on the staff at the end of 1938, including those transferred from the Department of Finance, was 359.

Apart from the functions taken over from the Department of Finance, every aspect of the operations was new. A Chief Accountant's office had to be set up; a Securities section formed to handle for the Bank the portfolio transferred from the Government and to act in an advisory capacity on debt management; a Foreign Exchange Division had to be organized to transact business in this area for the account of the Bank and to act on behalf of the Government and other central bank clients. In addition a Research Department was established which, though small in size, provided a service that was lacking in most Government departments at that time. As the department with the least defined role, it was frequently called on to carry out a wide range of duties for the Bank and the Government.

In concluding this chapter it may be worthwhile to recall the economic circumstances in which the Bank of Canada began operations. By 1935 there had been some measure of recovery from the worst of the depression but growth of the economy over the next few years remained disappointingly slow. While this may not have been a particularly favourable environment in which to launch a central bank, in retrospect it did provide an interval of relative stability before the dislocations caused by the outbreak of war. During this period the Bank was able to work out operating procedures and to establish itself as an integral part of the financial community.

Bank of Canada 1935–1938: Original offices in the Victoria building, corner of Wellington and O'Connor Streets.
(Bank of Canada Archives)

CHAPTER III

The first phase of the Bank of Canada's operations: 1935–39

The Bank of Canada opened its doors on 11 March 1935. During the first few years of operation, organizational and other internal matters necessarily absorbed a good deal of the attention of bank officials. It was also important that good working relations be established with the chartered banks at an early stage and, more generally, with the financial community, government departments and other central banks. In addition, considerable effort was made in these first few years to inform the public on the role of a central bank.

THE INITIAL PHASE OF OPERATIONS

Planning for the new institution began several months before its formal opening. As new members were appointed to the staff they became involved in organizational activities, those at senior levels also became involved in an advisory capacity to the Government. As was noted in the second chapter, certain central bank functions were already being carried out by the Government; these were transferred to the Bank but there was a great deal that was new. Detailed planning and at times some experimentation was necessary, new departments and divisions had to be established and staff hired. It was thus several years before day-to-day operations at the Bank could be regarded as functioning smoothly.

This process of organization was not interrupted by the steps taken soon after the Bank was established to make it a publicly-owned institution. As noted in the second chapter the question of

---

*Originally published in *Bank of Canada Review*, November 1972, pp. 7–21.

public versus private ownership was the main issue of contention during the parliamentary debate on the Bank of Canada Act in 1934. From the first stages of public discussion the leader of the Opposition, Mr. Mackenzie King, had strongly supported public ownership and this question became an important issue in his party's platform during the general election of 1935. Following the change in Government an amendment to the Bank of Canada Act was introduced on 1 June 1936 to provide for the nationalization of the Bank. The amendment provided for an issue of Class B shares to the Government in 1936 which assured that it would have majority control. Additional directors were appointed to give the Government a majority on the Board and, while the existing directors were permitted to complete their terms of office, the election of directors by private shareholders was discontinued. In 1938, under a further amendment to the legislation, the privately-owned part of the Bank's share capital was retired. Naturally the injection of the proprietorship issue into the election campaign was not without disturbing implications for the newly established Bank, though Mr. King had assured the Governor much earlier that his target would be strictly the principle of ownership; in the event, at no time during the campaign did management of the Bank come in for serious criticism.

Turning to the actual organization of the Bank, currency operations were transferred from the Department of Finance when the Bank opened, and the Offices of the Receiver General across the country became the agencies of the Bank. The Foreign Exchange Division and the Securities Division became operative almost immediately, though the transfer of the Public Debt Division from the Department of Finance was delayed until suitable quarters were available. This did not occur until 1938 when the present Bank of Canada building at 234 Wellington Street was completed at a cost of around $1 million.

In the Bank of Canada Act, the Bank was given sole right to issue notes — Dominion notes would no longer be issued and there was to be a gradual phasing out of those issued by the chartered banks.[1] Although the Act did not specify any time limit for the replacement of Dominion notes, the policy of the Bank was to

[1]See "The note issue", *Bank of Canada Review*, June 1972, pp. 17–32.

retire them as quickly as possible, rather than simply to replace worn and mutilated ones. By the end of 1935 the total of slightly more than $200 million of Dominion notes outstanding on opening day had been almost wholly replaced. As a result of the 1934 and 1944 revisions of the Bank Act the note issue privilege of the chartered banks was gradually phased out, though it was not until 1950 that the chartered banks transferred their liabilities for the remaining outstanding notes to the Bank of Canada. The loss of the note issue privilege is one area where chartered bank opposition to the powers of the new central bank might have been expected but, in fact, it was subdued. This was probably because the right to issue notes had become a less important factor in chartered bank earnings.

Initially the Foreign Exchange Division was a small unit with its chief located in Montreal and a representative in Toronto. Its main function was to execute purchases and sales of foreign exchange for the Bank, other central banks and the Government, although a share of the latter's business remained with the chartered banks for some years. Official quotations on the U.S. dollar and sterling were published by the Division almost from the beginning of operations. It is also of interest to note that under the Bank of Canada Act the Bank was required when instructed by the Minister of Finance to purchase silver under the terms of the London silver agreement. This agreement had been made in London at the Monetary and Economic Conference of 1933 and required the signatory countries to purchase and hold substantial amounts of newly mined silver for a period of four years ending in 1937. Canada's share was 1.7 million ounces per year. When the Bank of Canada opened, the Government's holdings of silver were transferred to the Bank, and the Foreign Exchange Division was given the responsibility for completing the purchases. Thus the Bank's early balance sheets show holdings of silver bullion as well as gold and foreign exchange. Silver holdings amounted to just under a million dollars in 1935, rising to about $3 million at the end of 1937. Such holdings were rapidly sold by all major countries when the agreement expired and by May 1938 the Bank no longer held any silver bullion.

As fiscal agent for the Government, the Bank from the start was responsible for handling the technical aspects of new security

issues. It also acted as an adviser to the Government on financial matters. Major responsibility for this was assumed by the Securities Adviser, assisted by a small staff including representatives in Montreal and Toronto. The Securities Division also managed the Bank's portfolio of government securities, handling the purchase and sale of government bonds when required for the Bank's limited open market operations. Shortly after opening the Bank was called on to advise on a series of Dominion Government loans and to handle the technical aspect of these issues. It also became responsible for conducting the treasury bill auction. Although the amount of treasury bills outstanding remained small until the Second World War, regular fortnightly auctions were introduced in 1937.[2]

In addition to the regular operating departments the Bank also established a Research Department. Its role was to provide information and advice on financial developments and general business conditions at home and abroad. This Department was of special interest to the Deputy Governor, Mr. Osborne, who had established the Bank of England's statistics office. In contrast to the situation to-day, there were only limited facilities for applied research in Ottawa in the 1930s, notably at the Dominion Bureau of Statistics and in departments concerned with tariff questions, and much of this work was specialized. It was not until the Research Department at the Bank was organized that facilities for research of a more general character became available. One of the early tasks of the Research Department was the publication of a monthly Statistical Summary, the first issue of which came out in January 1937. Since the Research Department's functions were less well defined than those of other departments, it found itself engaged in a wide variety of jobs. Frequently the staff was asked to undertake, or advise on, research work for Government departments. This type of activity sometimes demanded a large proportion of the Department's resources but it enabled the Bank to gain experience in the workings of the Government and to establish close contacts with Government departments.

---

[2]See "Government of Canada treasury bills", *Bank of Canada Review*, May 1972, pp. 3–13.

RELATIONS WITH THE COMMUNITY

One of the most important objectives of the first years of operation was the establishment of a satisfactory relationship with the chartered banks. In the absence of a well-developed money market this had a special significance because what in other countries would normally be accomplished through the mechanics of the market could in Canada only be achieved through direct contact. In his first Annual Report Mr. Towers noted that even before March 1935 there was "occasion to look to the chartered banks for co-operation, so that our operations might be initiated as smoothly and efficiently as possible. Such co-operation was freely accorded . . . A central bank does not compete with the commercial banks."

The chartered banks, with the exception of the Royal Bank of Canada, had been generally opposed to the creation of a central bank. However, they were willing to co-operate once the Bank of Canada was established, though the reaction was hardly enthusiastic. The President of the Canadian Bankers' Association, Mr. Jackson Dodds, stated that, "in Canada, for better or for worse, we are now to have a Bank of Canada set up, to be a bankers' bank. Bankers are realists; they are ready to make the best possible use of the materials at their hands . . . the Government and people of this country can rest assured that the bankers of Canada will unanimously do their utmost to co-operate with the Bank of Canada in the interest of the country at large."

The Governor and a number of other senior members of the staff had been chartered bankers and thus could communicate with the banks in common terms. Although the relationship initially established with the CBA and individual banks was correct rather than cordial, within a few years an atmosphere of mutual trust had developed. Plans were soon underway for regular meetings between the Bank of Canada and the chartered banks to discuss general as well as specific problems.

The question of the handling of the Dominion Government account was one area of concern. In the Report of the Macmillan Commission it had been assumed that all Government balances would be transferred to the central bank, that all revenue accruing to the Government would be deposited with the central bank, and that disbursements (with the exception of certain foreign business)

would be made by cheques drawn on it. The Macmillan Commission had also referred to the fact that the central bank could take steps to offset the effects of an uneven flow of Government revenue on the cash reserves of the chartered banks. In point of fact Government balances before the war were normally too small to be of practical significance as a device for controlling chartered bank cash. It also became clear that complete centralization of the Government's account would present practical difficulties for the Bank's small Chief Accountant's Division, for example at the time of new government bond issues. The Government, therefore, continued to carry accounts at the chartered banks, as it does to this day. At first there was a tendency to keep the Government balance at the Bank of Canada relatively constant, but in later years moderate swings in this balance became normal, as part of the Bank's developing techniques of chartered bank cash management.

Special efforts were made during the early years to explain the Bank's role to the public. Shortly after the Bank opened both the Minister of Finance, Mr. Rhodes, and his Deputy, Dr. Clark, made detailed speeches describing the operations of a central bank. Mr. Osborne, the Deputy Governor, also made a number of speeches of an explanatory character, and the Governor, Mr. Towers, toured Western Canada in 1935 where he delivered addresses of a descriptive nature in most of the major cities; this was the region where Mr. Towers was least known and where suspicion of central banks was strongest.

The Government's view of the Bank at the beginning of its operations is summarized briefly in the Budget address of 22 March 1935, in which Finance Minister Rhodes notes that the Bank began operations with

> the goodwill and the support of the public as well as with the co-operation of the chartered banks with which it will have largely to deal. It may not be able to work the miracles which are expected from it in certain quarters but I am confident that in the coming years its contribution to the economic welfare of this Dominion will be an important one. It will provide, what has long been needed, an undivided control, solely in the public interest, of the volume of currency and credit in use. It will, it is hoped, contribute to greater stability in our economic life, so far as this may be possible by the use of monetary methods. It will provide leadership for the first time to the financial community and assist

> in several ways in improving the organization and working of our whole financial system. I also expect much from the disinterested and competent advice on financial matters which it should be able to give, not only to the Dominion Government but also to provincial governments which may have found it difficult to keep closely in touch with conditions in the world's financial markets and which may in future avail themselves of the Bank's services.
>
> The Bank will also provide an effective mechanism by which Canada may at the appropriate time execute such national policies as may be determined upon in regard to our future monetary standard. I have already referred to the retarding effect upon international trade of the chaotic condition of the world's basic currencies. For Canada, so heavily interested as she is in foreign trade and with such huge obligations payable abroad, this monetary instability is a factor of major importance.

The Bank of Canada's early reports also attempted to explain its role. In the first report (dated February 1936) Mr. Towers drew attention to "those who think that the monetary factor is of such great importance that every other factor will fall into its right place, and the whole economy will work smoothly, if only the central bank provides the right amount of cash, at the right rate, at the right time. Other people go to the opposite extreme and consider that a central bank is merely a fifth wheel to the coach . . . Neither of these views is, in my opinion, correct."

In this same report Mr. Towers also referred to the distrust that existed in some quarters about the influence of international financiers. In discussing the value of co-operation with other central banks Mr. Towers mentioned that "one of the Empire central banks, namely, the Bank of England, is supposed by some persons to exercise a universal and malign influence in financial matters the world over. I should like to say that, in my opinion, this is just nonsense, and that in any case one can safely rely upon the central banks and governments of the respective Dominions to see that no undue or pernicious influence is exerted."

It might seem that such views would have created problems for the Deputy Governor, Mr. Osborne, who had come from the Bank of England. In fact, he encountered no special difficulties because of his background. Although Mr. Osborne, for personal reasons, returned to the Bank of England somewhat before his term expired, he made a major contribution during the four years he was Deputy Governor. It had been thought in some quarters

that his role would be mainly advisory but Mr. Towers soon made it clear that Mr. Osborne would exercise the full responsibility of his office. His knowledge of central banking and his connections with other central banks were of particular value during the Bank of Canada's early years when most of the staff was young and inexperienced. Mr. Donald Gordon, the Secretary of the Bank since its earliest days, succeeded Mr. Osborne as Deputy Governor in September 1938.

THE BANK'S POLICY IN THE 1935–39 PERIOD

The severe economic problems of the period — the disappointingly slow recovery from the depression, the continued high level of unemployment and the financial difficulties experienced by some of the provinces — were of serious concern to the Bank but as the Governor, Mr. Towers, commented in later years, the prescriptions for central banking at the time were comparatively uncomplicated. The economic situation, a growing acceptance of Keynesian views and, more generally, changing attitudes, all pointed in the direction of monetary ease.

Some steps had already been taken in this direction by the Government in the early 1930s and the Bank, when it commenced operations, followed a policy of maintaining the chartered banks in a position of ample cash reserves. This policy remained essentially unchanged throughout the pre-war period. Although by late 1936 and early 1937 the recover in business activity from the low point of the depression had brought a strengthening in prices and, in fact, had led to a degree of stock market speculation that caused the Bank in the Annual Report for 1936 to express some concern, the situation changed in the last half of 1937 as the economy again weakened. A serious drought in the Prairies added to the problems of a region that had been largely by-passed by the recovery while business activity slowed throughout the country, only strengthening just prior to the outbreak of war.

The Bank of Canada was, of course, able to inject cash into the banking system (or withdraw it) through its security operations but the scope for open market operations was limited by the lack of an active short-term money market. Reference was made in the first Annual Report and again in a later Report to the desirability of broadening the treasury bill market but this was slow

to develop. Relatively little use was made of other techniques of monetary policy. Bank Rate which had been set at 2 1/2 percent when the Bank opened its doors was not altered and did not become an effective instrument of policy until much later. Although the chartered banks were informed at an early stage of the procedure to be followed in applying for an advance from the Bank of Canada, such advances were quite rare. The banks followed a practice of maintaining cash reserves of approximately 10 per cent on average, as compared with the legally required minimum daily ratio of 5 per cent of their Canadian deposit liabilities.

The early Annual Reports, though brief documents by present standards, refer to the Bank's expansionary policy but also note, for example in the Report for 1939, the limitations on the effectiveness of such policies, particularly in offsetting weak demand for exports. Frequent reference is made to the unsettled external situation, though for various complex reasons the Canadian dollar held remarkably stable during most of the period despite recurrent foreign exchange crises in the United Kingdom and other overseas countries.

The first formal review of the Bank of Canada's operations occurred early in 1939 when the Minister of Finance, Mr. Dunning, in tabling the Annual Report for 1938, moved that it be referred to the Banking and Commerce Committee. The decision to refer the Report to this Committee was announced during a debate on a resolution to obtain approval for a substantial Government loan. At that time Mr. Dunning indicated that this would give members an opportunity to raise any questions they had with the officers of the Bank of Canada.

Although the Annual Report for 1938 had gone further in the direction of a review of the economic situation than previous reports, it was still quite brief. It referred to the strength of the current account surplus and the repayment of foreign debt which, it pointed out, was related to the low level of investment in capital goods. In light of the unfavourable international situation the Bank did not foresee any extensive or imminent recovery in investment. Hearings on the Report for 1938 began on 6 March and lasted until 1 June. Mr. Towers was the principal witness although other Government officials also appeared. While the discussion focussed on the problems of the depression and on Keynesian ideas,

it ranged over a wide area, including social credit concepts and other theories on money and banking.

Although the discussion at the Committee hearings frequently became confused and circular, Mr. Towers was able to provide an evaluation of the various theories on money and banking and to describe the Bank's general philosophy and objectives. At the close of the hearings an 86-page booklet containing written memoranda submitted in answer to questions was issued under the Committee's authority. It provided a useful outline of the functions and operations of the Bank of Canada and of monetary and fiscal policy. In the following year the Governor pointed out in his Annual Report that he had emphasized in his submissions to the Committee "the special limitations which are imposed upon monetary policy in Canada by the character of the Canadian economy . . . No amount of internal monetary stimulus can fully offset the effect upon Canada of a low level of foreign demand for Canadian goods and services." He pointed out that these hearings occurred at a time when a major war was more than likely. While no one could foresee the degree to which the entire economy would be mobilized, Mr. Towers noted that "war gives rise to such a demand for goods and services of certain types, that monetary action to stimulate production becomes unnecessary." Initially credit expansion may help to prevent liquidation but it "should be confined to the initial phase." Recalling the developments during and after the war of 1914–18, Mr. Towers noted in his Report that various countries had "expressed the intention of doing everything possible to avoid a repetition of inflation during the present struggle."

THE BANK'S INVOLVEMENT IN OTHER AREAS

Although monetary policy was of direct concern to the Bank during the 1935–39 period other matters took a larger share of its attention than has been the case in later years. Partly as a reflection of the problems of this period as well as the limited resources available elsewhere, the Bank and members of its staff became quite heavily involved in areas outside the direct realm of central banking. The two areas that drew most heavily on the capabilities of the Bank and on staff resources were the financial problems of provincial governments and the weakness of the mortgage market. In both cases the effects of the depression had been particularly

severe and lasting. In part because of the very evident difficulties in these areas, the Macmillan Commission had recommended that the Bank should act as fiscal agent for the provinces as well as for the Dominion Government; it had also suggested that there should be an investigation of the problem of rural credit with a view to submitting proposals to Parliament.

Provincial finance

Soon after the establishment of the Bank, several provinces explored the possibility of obtaining loans from the Bank. They were informed that while the Bank was prepared to act as "banker or fiscal agent of the government of any province", as it was authorized to do under the Bank of Canada Act, this did not mean that the Bank would be willing to finance budgetary deficits, other than on a very temporary basis. The Bank was prepared to open accounts for the provinces and to assist them in floating public issues but these activities would have to be considered in the light of their effect on money markets. Although the provinces could retain existing connections with the chartered banks and investment dealers, the Bank of Canada indicated that if it was to act as financial adviser the arrangement should be a close and continuing one. In fact such arrangements never materialized; the provinces may have felt that they would be an encroachment on their autonomy. The clause in the Bank of Canada Act empowering the central bank to act as fiscal agent for a province was repealed in the 1967 revision of the Act.

Although the Bank of Canada never became the fiscal agent of a province it did play an important advisory role in the broad area of dominion-provincial finance. The financial positions of provincial governments were severely strained by the depression. The problem was particularly acute in the Prairie provinces, which had experienced a disastrous decline in income as a result of crop failures and low grain prices, and it had been necessary for the Dominion Government to provide financial assistance.

In the middle and late 1930s it became clear that the particular difficulties of the provinces and the whole structure of dominion-provincial financial relations needed to be carefully examined. A series of dominion-provincial conferences were held in which the Bank of Canada played an advisory role. The Bank was also called upon to provide comparative financial statements for each

province extending back some years — the first time that this had been attempted. For a time discussion centred around a proposal for a loan council that would provide a new basis for dominion-provincial co-operation. The proposal called for establishing individual loan councils in each province that agreed to enter the arrangement, for a guarantee of the debt of such provinces by the Dominion Government, and for supervision of their borrowing. The Bank of Canada supported the proposal and, in anticipation of its acceptance, made a direct advance to Saskatchewan. A resolution to amend the British North America Act to allow, among other things, the Dominion Government to guarantee provincial securities, was introduced in Parliament in 1936 but failed to gain Senate approval. The proposal for a loan council remained under discussion for some time but such a council was never established.

In 1937 at the request of the Dominion Government and the governments of Manitoba, Saskatchewan, and later Alberta, the Bank of Canada examined the financial positions of these three provinces. Upon completion of this study, the Governor stated that he could see no solution to the problem other than through a comprehensive inquiry into the financial powers of all governing bodies. He recommended the appointment of a commission for that purpose and in 1937 the Government announced its intention to appoint a Royal Commission on Dominion-Provincial Relations, later known as the Rowell-Sirois Commission. Members of the Bank's Research Department, including its chief, Alex Skelton, and John Deutsch, served on the Commission for almost three years. Mr. Skelton had contributed to the previous conferences on dominion-provincial finance and was appointed Secretary to the Commission; he became very directly involved with the hearings, with the preparation of studies on the Canadian economy and the governmental and social structure of the country, and with the writing of the final report.

A dominion-provincial conference was called in 1941 to consider the Commission's recommendations but broke down almost immediately because some of the provinces were opposed in principle to the recommendations. Nevertheless, the work of the Commission contributed substantially to the tax rental agreement legislation which was enacted later in the year.

The Central Mortgage Bank

Although the recommendation of the Macmillan Commission for a formal inquiry into the problems of rural credit was not followed, the Government kept the question under review. As it became evident that the policy of monetary ease was having little effect in restoring confidence in the mortgage market, in part because moratorium legislation had immobilized funds, plans for a Central Mortgage Bank under the aegis of the Bank of Canada were developed. Legislation was passed in 1939 providing for the establishment of the Central Mortgage Bank. The capital resources were to be subscribed by the Government and its borrowing powers were to be used in the discounting of rural and urban mortgages held by designated mortgage companies as a way of restoring liquidity to the market. The Governor of the Bank of Canada was appointed President and other senior posts were to be filled by Bank of Canada officers on a part-time basis. Mr. David B. Mansur, formerly with the Sun Life Assurance Company of Canada, was appointed General Superintendent of the new Mortgage Bank. A small number of other appointments were made to fill administrative and technical positions. The war brought a halt to these plans and a number of the people appointed, including Mr. Mansur, were shifted to the newly established Foreign Exchange Control Board. The Mortgage Bank remained in suspension until the end of the war, when it was dissolved. By then circumstances had changed; some of its functions were assumed by the newly established Central Mortgage and Housing Corporation and Mr. Mansur became its first president.

THE INTERNATIONAL ENVIRONMENT

From the commencement of operations international developments were a matter of major concern to the Bank, both because of their impact on the Canadian economy and because of the Bank's direct responsibility for the external value of the Canadian dollar. With the onset of the depression the gold standard had come under severe pressure. In September 1931 the United Kingdom, which in 1925 had resumed gold convertibility at the 1914 parity, had been forced to abandon the gold standard and over the following year the pound had depreciated sharply. Other countries, including Canada, had moved to floating rates and in some cases

had introduced exchange restrictions. Gold payments had been temporarily suspended by the United States in early 1933 and, in 1934, the United States had unilaterally raised the price of gold to $35 per ounce. Thus when the Bank of Canada began operations the gold standard system had broken down, world trade was at a low level and countries were attempting to offset weaknesses in their domestic economies through protective measures, often at the expense of other countries. The remaining years of the decade were characterized by widespread devaluations, by the spread of trade and exchange restrictions and by mounting political tension. In the late 1930s, as uneasiness in Europe increased, movements of "flight" capital from Europe to the United States became substantial. A reflection of this nervousness was the extensive use made by other central banks of the gold earmarking facilities offered by the Bank of Canada in 1936. By the end of 1939 close to 15 million ounces of gold, worth more than $500 million, had been placed in earmarked accounts with the Bank of Canada, much of it before the outbreak of war.

The exchange rate on the Canadian dollar remained quite stable through much of the period and there was little market intervention by the Bank of Canada except when the dollar came under pressure at times of international crises in 1938 and 1939. The current account was in substantial surplus during this period, though the volume of external trade remained discouragingly low. This was offset by a capital outflow: new foreign borrowing by Canadians was at a much reduced level and there was a substantial retirement of Canadian foreign or optional-pay bonds held by non-residents. Since any strengthening in the exchange value of the Canadian dollar increased the incentive to refinance on the domestic market funds that had been borrowed abroad at higher rates during the 1920s, while conversely a decline in the exchange rate reduced the incentive, this tended to keep the Canadian dollar within a narrow range.

Pressure on the Canadian dollar developed in 1938 with the mounting crisis in Europe and a major decline in sterling. It became evident that official intervention on a quite substantial scale relative to the reserves available had little effect in such circumstances. The Bank's Annual Report for 1939 referred to the desirability of adding to reserves and pointed out that gold and

foreign exchange holdings had been increased from time to time during the previous three years, partly because of the prospect that "we would stand in need of such foreign resources as could conveniently be accumulated, if war broke out." Between the end of 1935 and the end of 1938 reserves rose from $186 million ($180 million in gold) to $214 million, with the major share of the increase in holdings of U.S. dollars and sterling. Although the Canadian dollar steadied following the Munich Agreement in September 1938, it weakened again in the summer of 1939 with the imminent approach of war. Shortly after the outbreak of war, foreign exchange control was imposed.

Although the Bank's role during the war will be discussed in the following chapter, it should be noted that in the year before the outbreak of war, more and more time had to be devoted to contingency planning, some of which was quite general but some related to very specific potential problems. As a result the development of the Bank of Canada was diverted from its normal path well before the Bank had entered its fifth year of operation.

Bank of Canada 1938: 234 Wellington St., viewed from between the Confederation Building and the Department of Justice Building. (Bank of Canada Archives)

CHAPTER IV

The Bank of Canada during the war years

The 1939–45 war had a major impact on the Bank of Canada, coming as it did just over four years after the Bank opened its doors. There barely had been time for the Bank to settle into its routine operations and its broader central banking role when the outbreak of war abruptly interrupted its peacetime evolution. The war lasted almost six years and since Canada was not really on a peacetime footing in the year or two of the surrounding penumbra, there was a break of about eight years during which conditions were far from normal. Yet one cannot ignore this phase and pick up the threads seven or eight years later with the return of more normal peacetime conditions. Too much had happened: substantial changes had occurred in the Canadian economy and in public attitudes; there was a very different international environment and the Bank, with the experience gained in carrying out its wartime functions, was not the same institution as before the war. Thus the wartime years deserve careful attention, if not in detail in so far as activities directly relating to the war are concerned, at least in so far as the events of this period shaped the ongoing evolution of the Bank.

THE PRE-WAR PREPARATIONS

As tension mounted in Europe in 1938, particularly after the Munich crisis in September, the Bank of Canada took part in official efforts to develop a framework of plans that could be introduced quickly to meet the various contingencies expected in the event of

---

*Originally published in *Bank of Canada Review*, April 1973, pp. 3–17.

war. It became clear at an early stage in this planning that the Bank of Canada's initial responsibility would be related to the protection of the foreign exchange value of the Canadian dollar.

Experience in 1919–23 and 1931–35 had shown clearly that pressure on the Canadian dollar could be expected in the event of large-scale fluctuations in sterling. Although the dollar remained surprisingly stable in 1938, pressure developed in September of that year following a major decline in sterling. It was evident that in the event of war the foreign exchange value of sterling and of other major overseas currencies would fall and that the magnitude of potential speculative capital movements affecting the Canadian dollar was far in excess of the gold and foreign exchange reserves that could be employed by the Bank of Canada in stabilizing the dollar.

It is difficult to pinpoint the exact time when the Bank of Canada and the Government began to consider seriously the question of imposing some form of foreign exchange control in the event of war. But by early 1937, prospects had become sufficiently ominous for consideration to be given to whether it would be desirable or feasible to introduce controls should war break out. A number of countries had adopted foreign exchange controls during the 1930s and studies were made of the experience of these countries and of the plans of other countries, though because of Canada's different circumstances these were of limited value. The arguments for exchange control during a major conflict were very strong but there were serious fears that it could prove impracticable to operate and disruptive to the economy. This concern arose from the closeness of economic and financial ties between Canada and the United States, and from the fact that it was expected that Canada would become a combatant if war broke out while the United States would remain neutral, at least for some time. In retrospect, the successful operation of foreign exchange control shows that these fears were much exaggerated. It should be remembered, however, that policy decisions in the late 1930s had to be made on the basis of only limited factual information on Canada's international payments structure.

In early 1938 the decision was reached that controls would probably be necessary and that the preparation of plans would provide the clearest idea of the difficulties involved. Mr. Sidney

Turk, chief of the Foreign Exchange Division of the Bank, was relieved of the major portion of his regular duties so that he could devote most of his time to the study of foreign exchange controls and to the preparation of a plan for Canada. Initially, in the interest of secrecy, he worked virtually alone. The work proceeded continuously though the pace varied somewhat with the apparent urgency. By early 1939 plans had advanced far enough to be presented to the Deputy Minister of Finance, Dr. Clark, and a little later to the Minster of Finance. It was agreed to proceed with the development of a fully operative scheme that could be instituted if needed. A complicating factor in the planning was the need to design and order forms in advance and to have adequate supplies distributed strategically across the country; this aspect of the planning involved considerable time and had to be carried out while maintaining secrecy. If it had become known prematurely that plans for foreign exchange control were being prepared, some of the objectives of the controls would have been defeated and quite likely there would have been disruptive outflows of capital.

When Canada declared war on 10 September 1939, the planning was virtually complete and on 16 September foreign exchange control was brought into effect. Although there was some risk in delaying the introduction of controls even for a few days, it was thought desirable to do it over a week-end. On Friday 15 September a group of senior chartered bank officials and a few others inside and outside the Government who were directly concerned were summoned to the Bank of Canada. They were advised on the system of control and were effectively isolated from outside contacts until the close of markets. In the meantime, supplies of regulations and of operating forms had been stored at the Bank's agencies for immediate distribution to the chartered banks. Although the banks were open on Saturday morning and it was realized that there might be some initial confusion, it was hoped that with the week-end for the banks' staffs to study the regulations it would be possible to restore order on Monday. In the event, the plan was implemented smoothly without any rumours or leaks, though a U.S. financial paper had raised the possibility that Canada might adopt controls following the announcement of controls by the United Kingdom immediately after the declara-

tion of war on 3 September. This was no more than reasonable speculation in the circumstances.

THE FOREIGN EXCHANGE CONTROL BOARD

The War Measures Act of 1914 provided the necessary authority for the Order in Council that introduced foreign exchange control, effective 16 September 1939. The Order established a Foreign Exchange Control Board as a separate body directly responsible to the Government, but the relationship of the Board with the Bank of Canada was so close that in many respects the two were indistinguishable. The Bank was named as technical adviser and agent and was responsible for administration, staffing and quarters. Mr. Towers, Governor of the Bank of Canada, was Chairman of the Board. Other members included the Deputy Minister of Finance, the Commissioner of Customs, the Director of Commercial Intelligence of the Department of Trade and Commerce, the First Secretary of the Department of External Affairs and later the Chief Inspector of the Post Office. The Board was given sweeping powers to control all transactions having international financial implications. In practice, the mechanics of foreign exchange control were largely in the hands of the chartered banks, or "authorized dealers" as they were officially designated, through which most of the buying and selling of foreign exchange and the handling and documentation of foreign trade and financial transfers passed. The banks were largely responsible for interpreting and implementing the rules. The Board's staff, initially under the direction of Mr. Donald Gordon, Deputy Governor of the Bank, and later Mr. Louis Rasminsky who was appointed Chairman Alternate and Chief Executive Officer in 1942, was concerned mainly with supervision, the handling of large or exceptional cases, the formulation of policy for the consideration of the Board and the compilation and analysis of statistics.

The primary purpose of exchange control was to maintain exchange rate stability and to conserve foreign exchange for essential needs by ensuring that it was not used for non-essential purposes, particularly capital exports. As well as the possibility of speculative capital outflows, it was expected that the current account deficit with the United States would widen and that it would not be possible to finance this by conversion of Canada's surplus with

sterling countries. Although the main concern was with capital movements, experience elsewhere, and the practical problems involved, left no doubt that only by making the system administratively all-embracing could enforcement be assured. Thus, all foreign exchange receipts had to be sold to an authorized dealer and all foreign exchange requirements obtained from an authorized dealer. In large measure the mechanics of foreign exchange control were based on the fact that most international transactions were not for cash but on terms of one to three months or longer, or on consignment or open account basis. Hence in order to ensure proper control it was necessary to have a system in which the shipment of goods or financial paper could be checked later against the relevant financial transaction and if necessary investigated. In practice, the restrictive powers of the Board during the war were applied only to capital movements and after July 1940 to non-business travel in the United States. Importation of a wide range of non-essential goods from non-sterling countries was prohibited beginning in 1941 under the War Exchange Conservation Act of December 1940.

Although a fixed exchange rate is not a necessary feature of foreign exchange control, the decision was taken to fix the rate on the Canadian dollar when controls were introduced. The rates selected — $1.10 buying and $1.11 selling for U.S. funds and $4.43 and $4.47 for sterling — were mainly based on the pragmatic consideration that these were the rates that had been reached in the market and on the fact that in past periods of instability in sterling the Canadian dollar had tended to fluctuate in the same direction and by about half the extent of the pound sterling in terms of the U.S. dollar. Provision had been made in the Exchange Fund Act of 1935 for the setting up of a Fund to "aid in the control and protection of the external value of the Canadian monetary unit."[1] On 15 September 1939 the Exchange Fund Account was brought into operation and the Foreign Exchange Control Board was empowered to use the account in maintaining the exchange rate on the dollar. Since that time, the Bank of Canada has operated the Fund as agent of the Minister of Finance.

Since exchange control was the first of the major wartime controls to be introduced, it met with some hostility on the part of a

[1]See Chapter II, p. 23.

public annoyed at this interference with normal activity. This was, of course, partly due to the unavoidable delays and frustrations during the initial period. The need for secrecy meant that the Foreign Exchange Control Board started virtually without staff and the Bank of Canada had to cope with all the administrative problems along with its regular duties. Senior officers of the Bank were forced to devote a large share of their time to the work of the Board during this period. Fortunately competent staff was soon obtained and the system of control was quickly improved, the period of "phony" war providing a breathing space during which the regulations could be reviewed and tested against actual operations.

During 1940 a number of other steps were taken to conserve and mobilize foreign exchange. The war had taken an ominous turn and it was clear that there would be heavy demands on the Canadian economy and rising requirements for imports from the United States for defence purposes. It is interesting to note that when Mr. Towers returned from a trip to Britain in November 1939 he was greatly concerned about the slow progress there in preparations for war; his views undoubtedly added some urgency to the contingency planning underway in the Bank and within Government circles where the Governor served as an adviser. A census of Canadian holdings of foreign exchange and other assets was taken and on 30 April 1940 the Foreign Exchange Acquisition Order was enacted. This Order required Canadian residents to sell all holdings of foreign exchange above certain minimum limits to the Foreign Exchange Control Board; at the same time another Order provided for the sale of the Bank of Canada's holdings of gold to the Board and suspended the requirement that the Bank maintain gold reserves equal to 25 per cent of its note and deposit liabilities. The chartered banks were permitted to maintain the necessary working balances to carry out their duties as agents for the Board, and later certain firms with a large number of foreign exchange transactions were permitted to hold foreign currency bank accounts, though all transactions were reported to the Board. As the war situation worsened other measures were taken, including the restrictions on non-business travel and prohibition of non-essential imports already mentioned. Later, arrangements were worked out with the United States under the Hyde Park

Agreement whereby Canada sold certain types of defence goods to the United States and was thereby in a better position to pay for necessary imports.

FINANCING THE WAR

Another major responsibility of the Bank of Canada during the war years evolved from its role as financial adviser and fiscal agent for the Government; as such it was responsible for managing the public debt, including arrangements for its issue and redemption. The first war loan — for $200 million or $250 million including conversions — was raised in the autumn of 1939, mainly by conventional methods. However, the Bank of Canada was assisted by a Special Advisory Committee composed of representatives of the investment dealers and the chartered banks; a "special names" list of large investors, both public and private, was drawn up and they were approached directly by individual dealers appointed for this phase of the operation. This was a technique that had been used in connection with the First World War Victory Loans. In May 1940, the War Savings Committee was established to channel savings from small investors through the sale of War Savings Certificates and Stamps.

In September 1940 a second war loan raised $325 million but by then it was becoming clear that, with the quickening pace of wartime activity, the scale of financing requirements would necessitate formal machinery to handle large issues. A Victory Loan Committee was established with a central committee in Ottawa, provincial committees in the provinces and local committees in individual communities. The first Victory Loan, in June 1941, raised $837 million and the method and operation used in this loan set the pattern for the eight succeeding Victory Loans. During 1941 further consideration was given to the most effective way of mobilizing savings. In the words of the official history of the National War Finance Committee: "As a result of these deliberations, it was decided to establish a single nation-wide organization whose functions would be the continuous planning, organization and administration of the arrangements for public loans. Effective January 1, 1942 the War Savings Committee was dissolved and its functions, powers, and organization were transferred to the National War Finance Committee, the new organization then

established to look after all phases of Canada's wartime voluntary savings programme." It was responsible not only for the subsequent Victory Loans, but for promotional programmes and the sale of War Savings Certificates and Stamps.

Headquarters of the National War Finance Committee were established in one of the wings of the temporary building completed in 1940 next to the Bank of Canada; this building also housed the Foreign Exchange Control Board. There was necessarily a very close relationship between the War Finance Committee and the Bank of Canada. The first chairman of the Committee was Mr. G.W. Spinney, then Joint General Manager of the Bank of Montreal; a year later he was succeeded by Mr. Towers, who occupied the post until the termination of the Committee in 1945. The deputy chairman was Mr. K.A. Henderson, Securities Adviser with the Bank of Canada. Other Bank officers also served at times with the Committee.

Some idea of the scope of the work of the Committee can be obtained from the number of people involved and the amount of funds raised. Although the full-time staff in Ottawa and in the provincial and unit headquarters was never more than 400, the temporary staff fluctuated from less than 100 to nearly 2,000 at peak periods and on one occasion the number of persons connected with a Victory Loan campaign, paid and voluntary, reached 150,000. In addition, the substantial increase in the public holdings of War Savings Certificates and Victory Loan bonds meant that a much larger staff was required by the Public Debt Division of the Bank.

In total the Committee handled the sale of over $12 billion of long-term bonds or net sales (after redemptions) of $9.5 billion. Since only an insignificant portion of this debt was financed through the chartered banks, it represented a direct borrowing from the general public and, along with substantially increased tax rates, did much to restrain inflationary pressures arising from the major transfer of real resources to wartime purposes.

OTHER WARTIME MEASURES

As the war intensified and a growing share of the country's resources had to be directed to this purpose, controls on the domestic economy became increasingly necessary. In addition to foreign

exchange controls the main instruments were price controls and rationing, wide-ranging controls over the supply and use of materials by industry and the mobilization of manpower resources. Although the Bank of Canada was not directly involved in such activities, members of the Bank's staff served on various committees related to these wartime activities and on occasion a few members were loaned on a full-time basis.

The Wartime Prices and Trade Board was established at the beginning of the war "to provide safeguards under war conditions against any undue enhancement in the prices of food, fuels and other necessaries of life, and to ensure an adequate supply and equitable distribution of such commodities." Initially the Board's sweeping powers were used only selectively where special circumstances had contributed to increased prices. At the start of the war there was a good deal of slack in the economy but the cost-of-living index increased by 8 per cent between September 1939 and April 1941 and this was followed by a further 8 per cent increase over the next seven months. In October 1941, the Government imposed over-all price controls, involving rationing of some commodities and, in a few cases, payment of subsidies. In the following month Mr. Donald Gordon, Deputy Governor of the Bank of Canada, was appointed Chairman of the Wartime Prices and Trade Board. He held this position until 1947 when he returned to the Bank. The post was one of immense responsibility and authority, calling for great drive and toughness, yet at the same time an awareness and sensitivity to the impact of the controls on the day-to-day life of every Canadian. The fact that this aspect of Canada's wartime economic policy was apparently more successful than similar efforts in other countries was due in large part to Mr. Gordon's leadership.

IMPACT ON THE BANK'S OPERATIONS

The war brought a substantial increase in the workload of the main operating departments of the Bank. As the war economy expanded and increasing numbers were drawn in to the armed forces and the labour force, the rise in incomes and the much greater movement of population led to rising demands for currency. The Currency Division had to cope with sharply expanding

note requirements: the active circulation of Bank of Canada notes increased fivefold during the war. In addition it had to handle a substantial inflow of gold for safekeeping during the early stages of the war. Large quantities of gold were transferred from overseas in 1940 following the German invasion of France; gold imports that year totalled 73.5 million ounces, of which 25 million ounces valued at $900 million (Canadian) were, on balance, added to earmarked stocks. This brought the increase in such stocks over the two years, 1939 and 1940, to $1.5 billion. The actual movements of gold into and out of earmarked stocks, particularly around the middle and end of 1940, were of course very much greater than these net figures suggest.

The Chief Accountant's Department and the Agencies were also stretched to their limits — there was a sharp expansion of receipts and disbursements through the Government's account and a number of foreign central bank accounts that previously had been largely inactive began to be used for financing war activities. As already mentioned, the enormous expansion of the public debt and, in particular, the success of the campaigns to sell bonds and certificates to small investors, added greatly to the work of the Public Debt Division. The expansion of the Bank's staff from 366 early in 1940 to almost 1,200 by the end of 1943 was largely accounted for by the growth of this Division and it was necessary to construct a separate permanent building on King Edward Avenue in 1942. The growth of the public debt also added to the work of the Agencies across the country.

As well as the additional burdens placed on the operating departments of the Bank, the war had a significant impact on other areas of the Bank. Both the Secretary's and Securities sections found themselves involved in the more complex activities of the Bank and other related organizations. For the Securities section, liaison with the National War Finance Committee was an important part of its functions; it also handled the Bank's expanded dealings in securities. With the introduction of exchange controls there was a need for more information on the balance of payments. The Research Department's work in this area expanded and became more specific. Mr. J.R. Beattie became Deputy Chief of the Research Department in 1940 and was responsible for much of its wartime direction, as Mr. Skelton, Chief of the Department,

was seconded to various outside duties. Initially the Department was responsible for the statistical studies required by the Foreign Exchange Control Board but, as the need to conserve foreign exchange became more crucial, improved balance of payments data was required in order to make better and more frequent projections. A research and statistics section was established within the Foreign Exchange Control Board and a number of balance of payments experts from the Dominion Bureau of Statistics (now Statistics Canada) were made available. This arrangement continued during the Board's existence and had advantages in that not only did it provide experienced staff but it also enabled the DBS to improve its understanding of the balance of payments structure from the study of the Board's records. The Research Department of the Bank continued to be heavily involved, in conjunction with the Board and with Government departments, in balance of payments work but other areas of research also had to be developed substantially.

Although there was a marked expansion of economic research within Government departments and boards during the war, the Bank continued to have an important advisory role in areas outside its direct responsibility. One area of particular concern was tax policy. It was realized that if inflationary consequences were to be avoided, the war effort should be financed as much as possible through taxation. It was recognized that without flexibility and various adjustments, the sharp increase in taxation would be inequitable and would result in hardship. The Bank participated in the planning and development of a number of measures that would meet this problem, such as the tax rental agreements with the provinces, the payment of income taxes on a pay-as-you-earn basis, and a system of compulsory savings or refundable taxes.

MONETARY POLICY

At the policy level the war radically altered the role of the Bank of Canada. Responsibility for the external value of the Canadian dollar no longer rested with the Bank and the normal function of monetary policy was greatly circumscribed. Many aspects of the economy were controlled or regulated directly and the need to maximize the war effort was the overriding consideration. In some respects this meant that the Bank's role was simplified but, even

with controls, the appropriate posture for the Bank in responding to the requirements of this situation became more difficult to gauge as the economy became more taut.

At the start of war, there was a good deal of slack in the economy and an expansion of credit was not regarded as inappropriate; some borrowing from the banks was deliberately undertaken. However as the economy responded to the demands of war, the Government and the Bank took the view that the financing requirements of the Government should be met to the maximum extent possible, first by taxation and second by direct borrowing from the general public. This policy was followed throughout the war with considerable success — the Annual Report for 1944, for example, notes that from 31 August 1939 to the end of 1944, tax receipts and borrowing from non-bank investors covered about five-sixths of the Government's total requirements.

In general, the Bank continued to follow an easy money policy during the war. All of the long-term War and Victory Loan bonds were sold with a 3 per cent coupon except for the relatively small First War Loan, which carried a 3 1/4 per cent coupon. The wartime policy of monetary ease and low interest rates was based on the premise that the various controls on the economy would keep inflationary forces in check and that it was necessary to ensure that financial considerations did not limit the scope of the war effort.

The management of the banking system's cash reserves was designed to permit the banks to respond to needed demands for credit and to meet the Government's requirements for direct financing but not to encourage them to buy on balance any appreciable amount of securities from the public. In fact, the imposition of controls narrowed the demand for goods and the increase in borrowing to finance war-related activities was largely offset by a reduction in other types of advances. Consequently, the growth in chartered bank assets was concentrated mainly in holdings of Government securities and in temporary advances to finance purchases of Victory bonds by the public. Much of the increase in the banks' holdings of Government securities represented direct purchases of special six-month Deposit Certificates at an annual interest rate of 3/4 per cent and of 1 1/2 per cent two-year notes.

Cash reserves were increased somewhat more than was necessary to maintain the pre-war ratio of cash to deposits, the ratio rising from about 10 per cent before the war to just under 12 per cent in 1944. This policy was followed in part to mitigate the effect of increasingly large temporary swings in the cash positions of individual banks and in part to hold down interest rates and permit the banks to make a market in Victory Loan bonds between issues.

PLANNING FOR THE POSTWAR PERIOD

One of the more striking features of the war years is the early stage at which planning for the postwar years was started — well before the outcome of the war was at all clear — and the extent to which such work continued to be carried out in conjunction with an all-out war effort. Undoubtedly this was partly due to the experience after the First World War and a realization that plans should be made to avoid a return to the conditions of the 1930s. In addition the public was coming to expect government to play an increasingly positive role in economic affairs.

The Annual Reports of the Bank during the first few years of the war largely dealt with questions of wartime financing, but the 1942 Report (published in February 1943) and subsequent Reports all devoted some attention to postwar questions. The 1942 Report, after briefly reviewing the growth of the economy since 1939, noted that "there may be a tendency to conclude that Government expenditure for other purposes, at a high enough level, is all that is required to prevent depression in peace time". The Report pointed out that such a conclusion was not warranted and stressed the unity of national purpose which made individuals willing to accept tax burdens and limitations on their freedom that in peacetime would be unacceptable. The Report concluded:

> After the war is over, the present driving stimulus to maximum employment and production will be removed. If we are to maintain full employment in peace time, we must substitute other objectives for the current will to win the war. Broadly speaking, our goals should be to provide a rising standard of living and to contribute to the establishment of a world economy which will remove the threat of war. However, concrete and detailed consideration and approval of the specific measures which must be taken to implement a general programme are necessary before

> broad policies can be effectively translated into action. Proper financial and economic policies can play an important part in the attainment of such peace objectives. But if we are to achieve success, I feel that we must have the same broad measure of public support behind those objectives that is now back of our efforts to win the war.

The succeeding Annual Report (published in 1944 before the invasion of Europe) paid further attention to postwar problems and the kind of world that would emerge. It outlined the magnitude of the task of absorbing in a civilian economy the 2 million persons engaged in war-related pursuits, particularly as the number employed in producing products for civilian needs was smaller than before the war but the average standard of living was higher. The Report emphasized the extent to which a successful adjustment would depend on the level of world trade and Canada's share of it. The Governor stressed in the Report that Canada's interest in the establishment of a satisfactory system of international trade was greater than almost any other country and drew attention to the importance of the plans for international monetary arrangements being worked out by the United Nations. He mentioned that three plans had been put forward by British, American and Canadian experts which, though differing in certain respects, had the same broad objectives — the provision of credit by countries on a collective basis in order "to achieve a reasonable degree of exchange stability and promote the exchange of goods."

This work, which led to the Bretton Woods Conference in 1944 and the establishment immediately after the war of the International Monetary Fund and other international institutions, had the full support of the Governor and the Bank. Senior officials of the Bank and of the Foreign Exchange Control Board, in particular Mr. Rasminsky, were very much involved in the planning for postwar international co-operation. Further attention will be devoted to this area in Chapter V. The Bank also played a part in the domestic economic planning that went on within the Government. Various measures were involved (such as family allowances, introduced in 1944) which would help to support the income of lower income groups. The Industrial Development Bank was established in 1944, as a subsidiary of the Bank of Canada, though it did not become fully operative until after the war; its purpose

was to provide financing to credit-worthy small businesses which could not obtain it elsewhere on reasonable terms and conditions.

One of the measures of success of the economic policy followed in Canada during the war is that it gives the appearance of having followed an orderly course in which, for the most part, the necessary measures were carried out in the right way at about the right time. This was partly a reflection of far-sightedness and good planning but it also reflected a sensitive tactical response to rapidly changing conditions. The adjustment after the war owed much of its success to the planning done during the war. While many of the aspects of wartime experience had only limited relevance to the peacetime economy, there were lasting lessons for the Bank, as well as for the Government and the country as a whole, in the insight that it gave regarding the actual dimensions and capabilities of the Canadian economy.

CHAPTER V

The Bank of Canada during the period of postwar adjustment

Although no very precise limits can be set, the interval of postwar adjustment, of demobilization and transfer of workers from wartime industries to peacetime occupations, of dismantling wartime controls and reconverting the economy to a peacetime basis is a clearly recognizable phase in the economic history of Canada and of the Bank of Canada. It had been clear for some time prior to June 1945 that the end of the war in Europe was approaching; not only was active planning for the postwar period well advanced but a number of initial steps towards a return to a peacetime basis had been taken. On the other hand, the termination of the fighting in the Pacific came more suddenly than was expected, with resulting complications for postwar planning. The dating of the end of this transition period is also inevitably rather arbitrary: certain adjustments were quickly made and ceased to have much influence after the first year or so, while in other areas, the impact of the war was felt much longer. The period discussed here, from the year before the end of the war through 1948, has been chosen to cover the time during which problems of reconstruction and adjustment generally dominated the pattern of growth of the economy; it ends as the postwar resource boom, stimulated in part by mounting international tension, was beginning to gather momentum.

Despite the fact that postwar planning had reached an advanced stage by 1944, there was inevitably a good deal of uncertainty about the future. Relief at the approaching end of the war was tempered by apprehension about what would follow.

---

*Originally published in *Bank of Canada Review*, November 1973, pp. 3–17.

Official views were conditioned by memories of the sharp inflationary boom after the 1914–18 war and the recession of the early 1920s that followed, and particularly by the prolonged depression of the 1930s. Although it was recognized that the backlog of civilian demands built up during the war posed an inflationary threat, the main preoccupation was whether it would be possible to sustain the wartime expansion of the economy and the accompanying high levels of employment on a peacetime basis. There was a natural desire, on the part of both business and government, to see the strictly administered structure of wartime controls dismantled promptly, yet at the same time there were fears about the consequences of too precipitate a scrapping of a system which over the past few years had become an integral part of the economic fabric of the country.

For Canada, it was clear that a crucial element in a successful adjustment in the postwar period would be the level of world trade. Wartime demands had increased even further the extent to which the Canadian economy was geared to exports. At the same time, the need for relief and reconstruction of overseas countries as a result of the wartime devastation and distortion of their economies was clearly visible. The immediate problem was seen largely as one of finance and supply but the sharp contraction of world trade in the 1930s also pointed up the importance to Canada of the establishment in the postwar years of a satisfactory permanent system of world trade. While the seeds of a new and enlightened approach to dealing with these problems were present and in some cases germinating, it was by no means clear that the broad aims of the plans would be achieved or that, in the narrower sense, they would lead to the kind of world environment that would allow Canada to maintain an acceptable level of exports.

The problems faced by the Bank of Canada as the war ended were just as challenging and perplexing as those in other areas of public policy. Before the war monetary policy had been entirely in one direction — an effort to stimulate insofar as possible the badly lagging economy. During the war, various controls and regulations were relied on to keep in check mounting strains on the economy and the primary objective of monetary policy was to

ensure that financial considerations did not limit the war effort.[1] The situation that faced the Bank at the end of the war was very different. Major adjustments would have to be made in the transitional period and, while it was expected that controls would be removed gradually, there was a danger of inflation so long as supplies remained inadequate to meet demand. The public's holdings of Government securities and bank deposits were much larger than before the war and there was the question of what would happen to money and bond markets as the public reduced its wartime level of savings and attempted to satisfy its pent-up demand for goods that had not been available during the war. Looking further ahead the Bank was concerned about the possibility of a postwar deflation once the backlog of demand had been met. There also were many external uncertainties; for the Bank one of the key questions was how long foreign exchange controls would or should survive.

PLANNING FOR THE POSTWAR PERIOD

Before reviewing the course of developments during the first few years after the war and the role of the Bank of Canada, somewhat fuller reference should be made to views that were current as the end of the war approached and to the more important steps that were taken to build a viable framework for the postwar period.

In April 1945, the Government published a White Paper setting out its views and proposals on the transition to a peacetime economy.[2] This document, which brought together the plans for the postwar period, bore the imprint of various Government departments and agencies rather than one single body. Further insights into official thinking at the time are provided by the Annual Reports of the Bank of Canada in the later years of the war and statements by Governor Graham Towers.

In the Annual Report of the Bank for 1943 reference was made to "the magnitude of the adjustments which Canada will face in maintaining high employment after the war." By the end of 1943 the number employed (including the armed services) had risen

---

[1]See Chapters III and IV, respectively.

[2]*Employment and Income*, with special reference to the initial period of reconstruction (Ottawa: Queen's Printer, 1945).

to 5.1 million from about 4 million in 1939 with close to 2 million engaged in the armed forces or in war-related work. The Report noted that the adjustments required would be of "unprecedented magnitude" and that "bold planning" was required by both the public and private sectors. Mr. Towers further elaborated his views in hearings before the House of Commons Banking and Commerce Committee in 1944. The occasion was the decennial renewal of bank charters and, though changes in the Bank Act at this time were minor, the Committee took the opportunity to examine the 1943 Annual Report and to query the Governor. In a statement on the need for planning, Mr. Towers noted that while the Bank "has neither the qualifications nor the authority to blueprint a program for postwar policy", the importance of the problem did warrant some mention in the Annual Report as a means of stimulating discussion. In further explaining his views, Mr. Towers stressed the dependence of the Canadian economy on foreign trade and the importance of giving the strongest possible support "to efforts to promote the wider international exchange of goods and services through appropriate measures in the fields of international monetary arrangements and commercial policy." It was important that private capital investment be stimulated and this meant the system of taxation should not stifle initiative. This did not necessarily mean taxes should be low but they should not be obstructive. While public works programmes could contribute to the goal of full employment, they were subject to important limitations and their scope was probably less than was commonly supposed. Great importance must be attached to raising the level of domestic consumption and in that connection both taxation policy and social security measures were important. He stated that he did not believe "that there is a magic wand in the form of a financial policy that will cause all the real and physical problems to dissolve . . . But the fact there is no magic financial policy need not prevent us from reaching our objectives." In conclusion Mr. Towers stated that while he believed the emphasis after the war should be on meeting the costs of government programmes through taxation, "I would not hesitate to suggest, if conditions warranted, that substantial use might be made of monetary expansion initiated through central bank action."

In the ensuing discussion, a central theme of the questioning was whether the Bank might have eased the financial impact of the war by an increased issue of currency. At the conclusion of his appearance before the Committee, the Governor issued a statement covering the substance of his comments, in which he emphasized that the degree of credit expansion actually experienced had been an appreciable factor in making the wartime controls necessary. These controls plus public willingness to save had made it possible to avoid serious inflation. But there were limits to the stringency of controls and in his view it would have been madness to put further strain on them. He did not foresee a postwar deflation brought about by contraction in the volume of money, but reiterated that if further credit expansion after the war was warranted, he would support it.

The major statement on postwar policy was, of course, contained in the Government's White Paper on Employment and Income in which a commitment was made that the major aim of policy would be "to maintain a high and stable level of employment and income." In the paper, the Government foresaw continuing strains until civilian production could be boosted and a need for a continuance of price controls and other anti-inflationary measures during a transition period. As well as a general commitment to policies that would make possible the attainment of high levels of employment and income, and the vigorous support of international efforts to encourage an expansion of world trade, the paper outlined a number of specific proposals. These included measures to stimulate exports and provide assistance to overseas countries, to encourage investment in housing, plant and equipment, and to support consumer income and expenditure. It referred to a number of specific steps that had already been taken. These included provision for relief to war-torn countries through the United Nations Relief and Rehabilitation Administration and for the extension of credits to other governments for the financing of Canadian exports. In addition, Canada had participated in the development of plans for the International Monetary Fund and the International Bank for Reconstruction and Development. On the domestic front, 1944 had seen the passage of legislation that in part provided the framework for postwar development —

in particular the National Housing Act, the Family Allowances Act, and the Industrial Development Bank Act.

The Bank of Canada was, of course, directly involved in the founding of the Industrial Development Bank (IDB) as a subsidiary of the Bank, with the Governor as President and essentially the same Board of Directors. Passage of the legislation incorporating the IDB in August 1944 brought to reality ideas that had been developing for some time in the minds of Bank officials as a specific contribution to postwar reconstruction. It was felt that there was a gap in the credit machinery of the country in the field of medium or longer term industrial credit for small- or medium-sized enterprises. This type of credit had not ordinarily been provided by the chartered banks nor was it generally possible for small- or medium-sized concerns to finance their capital needs in the open market. The IDB was thus designed to meet this need by providing credit to small- or medium-sized manufacturing industries when it could not be obtained on reasonable terms or conditions elsewhere.

The bill ran into some criticism in Parliament but mainly the objections were in the nature of queries or doubts rather than outright opposition to the proposals. Some members expressed doubts as to whether the IDB should be a subsidiary of the Bank of Canada, on the grounds that senior officials of the Bank had no experience with small loans or might be distracted from their primary functions. There was criticism that it represented an intrusion into private enterprise, that there would be too much centralization of its loan activity, and that the provisions of the bill discriminated in favour of manufacturing industries to the disadvantage of other sectors of the economy. However it was pointed out that the new institution would have its own General Manager and specialized staff, that it was intended to establish branches across the country and that the Government had plans in preparation for sectors of the economy that fell outside IDB's area of activity.

The Industrial Development Bank Act was proclaimed on 30 September 1944, and the section authorizing it to make loans on 1 November. Over the years since then the scope of the IDB's activities has been broadened to include other sectors of the economy, and it has come to play an important role in the financing of

small businesses and in the provision of expert advice to such enterprises. By 30 September 1973 the amount of loans outstanding had risen to $730 million compared with the $3.2 million authorized during the first year of operation. (The connection with the Bank of Canada has remained; recently the Government announced that it proposes to establish a new Crown corporation that will incorporate the operations of the IDB.)

The early postwar period also brought into prominence again the problem of dominion-provincial finance. The breakdown of the 1941 Conference on the recommendations of the Rowell-Sirois Report had been followed by wartime agreements with the provinces. These were extended to the end of 1946 and a conference was called early that year. As in the past, a number of senior officials of the Bank were involved, with Governor Towers as adviser to the Dominion representatives and Alex Skelton, Research Adviser at the Bank, as Secretary, positions they held at the 1941 Conference.

Looking ahead, the Dominion Government put forward a number of broad proposals aimed at promoting high levels of employment. As well as new tax agreements under which the Dominion Government would continue to have exclusive use of the personal and corporate income fields and in return would make annual rental payments to the provinces, the proposals included suggestions for much expanded social security measures and a cyclically timed public works programme financed by the Dominion Government. However, it proved impossible to come to an acceptable arrangement and though tax agreements were later worked out with some provinces, the suggestions for expanded social security and public works programmes were dropped for the time being; many of the ideas were implemented later in a different context.

At the same time as steps were being taken on the domestic front, the Canadian Government was actively participating in international efforts to establish a basis for postwar economic co-operation. The first formal discussions, which began in 1943, concerned proposals for an international monetary organization. It was hoped that the creation of machinery to extend credit to countries experiencing temporary balance of payments difficulties would ensure reasonable stability of exchange rates and encourage member countries to avoid adopting discriminatory practices,

and that other measures aimed at reducing barriers and increasing international trade and investment would follow.

By early 1946, the agreement reached in 1944 at the Bretton Woods Conference on plans for the International Monetary Fund (IMF) and International Bank for Reconstruction and Development (IBRD) had been ratified by enough countries to go ahead with the organization of the two institutions. Meanwhile negotiations were begun on establishing rules for international trade and reducing tariff barriers. Although the proposal for an International Trade Organization under which the negotiations began was not ratified by the United States, the first postwar multilateral reduction of tariffs took place under the General Agreement on Tariffs and Trade in 1948.

Senior officials of the Bank of Canada took an active part in many of these negotiations, notably those leading to the formation of the IMF and the IBRD. At Bretton Woods, and in the lengthy discussions that preceded it, Canada played an important mediating role in the working out of a compromise between the British and American positions. Governor Towers and Mr. Louis Rasminsky, then Chairman of the Foreign Exchange Control Board, were very much involved in the discussions and contributed to the major decisions taken as these institutions evolved. Mr. Rasminsky served at Bretton Woods as Chairman of the Drafting Committee of Commission I, dealing with the Fund.

THE INTERNATIONAL ENVIRONMENT

On the whole the transition to a peacetime economy was accomplished more smoothly and rapidly than had been anticipated. There was a temporary contraction of production and some rise in unemployment in 1946, but in both cases it was relatively moderate and was followed by a period of sustained economic growth extending into 1949. This does not mean that these years were without serious problems. Externally there were a number of largely unforeseen developments and their effect on Canada not only caused a good deal of worry but necessitated some abrupt shifts in policy. Whereas a major concern of postwar planning had been with the danger of deflation, the problem through most of the period was one of a strongly inflationary environment, largely as a result of external pressures.

Postwar planning was thrown out of gear by the sudden ending of the war in the Pacific, and the work of establishing an international framework for the postwar world had to be carried on at the same time that urgent peacetime problems were coming to the fore. The end of war brought the termination of the elaborate programme of Mutual Aid and with it the basis for providing support to the war-devastated Allied countries. This meant immediate action had to be taken by Canada and the United States to maintain the flow of essential food and other supplies. Large-scale credits were advanced by the United States to Britain and other Allied countries. Canada took similar action, the credits extended amounting to more than $1.8 billion. Although no specific period was established during which the credits were to be used, it was expected the drawings would extend over a period to 1950 and would be adequate to meet the needs of the recipient countries. It was realised there would be a drain on Canada's foreign exchange reserves, but it was felt that the substantially higher level of reserves than existed before the war, made it possible to follow a policy that would not only assist Allied countries to rebuild their war-damaged economies but help to sustain a reasonable level of Canadian exports.

There was little reason to change these views through the early months of 1946. Meanwhile, an early termination of U.S. price controls was clearly in prospect and in fact the powers of the Office of Price Administration (OPA) were allowed to expire at the beginning of July and, though there was a temporary reinstatement of certain measures, the programme came to a virtual end by October.

On 5 July 1946, the Canadian dollar was revalued to parity with the U.S. dollar from the 9 per cent discount maintained throughout the war. This decision was based on a number of factors. Foreign exchange reserves had increased by a further $250 million to nearly $1.7 billion at the end of May. On the whole price controls had been more effective in this country than in the United States and on this basis the Canadian dollar was undervalued. The impact on Canada of a rise in U.S. prices as controls lapsed would be lessened, easing the strain on the price control structure still being maintained here.

It was only a matter of a month or so after the revaluation of the Canadian dollar that there began to be evidence of a substantial deterioration in Canada's balance of payments position. At about the same time, the whole question of foreign exchange control came up for debate in Parliament. The existing legislative basis for control was due to expire and the Government proposed an extension of the powers under a new bill. This provoked a good deal of debate on the need for retaining controls. Mr. Towers, who appeared before the Senate Banking and Commerce Committee in support of the bill, was questioned on this; his view was that the balance of payments was deteriorating and that controls were needed. By the time the Act was passed, this deterioration had become very evident.

By the end of 1946, foreign exchange reserves had fallen by more than $400 million. The decline accelerated in 1947 and in the first eleven months of the year reserves fell by a further $765 million, at one point dropping below $400 million. The major reason for the decline was the substantial imbalance in Canada's international accounts that emerged as a result of an increase in imports paid for in cash and large exports financed by credit. It had been expected that there would be some decline in reserves as a result of the extension of credits to Allied countries but that these credits would be largely used by the end of 1947 was not foreseen. In part this reflected the fact that the needs of Western Europe were much greater than had been realized. The effect of this, however, was compounded by the serious setback to the restoration of production in Western Europe as a result of the unusually severe winter of 1946–47 and by the sharp rise in U.S. prices that followed the collapse of price controls in that country. As a consequence there was a much more rapid drawdown of U.S. and Canadian loans than had been anticipated. At the same time the developments in Europe and the United States affected Canadian imports in a way that had not been foreseen. Imports from the United States rose sharply, in part because of the concentration of demand there as a result of the limited availability of supplies elsewhere; at the same time the sudden sharp rise in U.S. prices added significantly to the cost.

Exchange control regulations were progressively tightened through 1947 and for a time were more stringent than during

the war. By late 1947 it had become clear that more drastic action was necessary to conserve dollars. In early December, the Government placed quotas and restrictions on a lengthy list of imports, including an outright ban on some consumer goods. A line of credit was arranged with the U.S. Export-Import Bank and U.K. drawings on the Canadian credits still outstanding were restricted. An active part was played by the Bank of Canada in the working out of these measures. The Foreign Exchange Control Board was, of course, directly involved in a variety of ways in the effort to buttress the balance of payments; its administration had become more closely tied in with the Bank and around this time most of its employees were transferred to the staff of the Bank.

The turnaround in Canada's balance of payments came quite quickly. Within a few months foreign exchange reserves began to recover and by the end of 1948 had risen to nearly $1 billion. Within a relatively short time it was possible to progressively relax the import restrictions and to ease the stringency of foreign exchange controls. It is not practicable to list here all the factors contributing to this improvement, but the most important was the initiative taken by the United States in providing assistance to European countries. The European Recovery Programme (Marshall Plan) came into effect in April 1948; without this generous action by the United States, Western European countries would have had to curtail drastically their imports from dollar countries and their economic recovery would have been much slower. The Annual Reports of the Bank of Canada and of the Foreign Exchange Control Board for 1948 both stressed the importance of this to Canada in that it made it possible for Western European countries to pay in cash for their essential imports from Canada.

MONETARY POLICY

The situation that faced the Bank of Canada with the end of war and transition to peacetime conditions, differed markedly from any it had previously experienced. Within an unexpectedly short space of time, the wartime structure of controls (apart from foreign exchange controls) was dismantled[3] and the Bank once again took on its normal responsibility for monetary policy. Compared with

---

[3]By April 1947, the controls had been largely removed; Mr. Donald Gordon returned to the Bank of Canada and resumed the active role of

the 1930s, however, when the major concern had been to increase employment, the economic environment was one of virtually full employment and strong inflationary pressures. Consumer demand and capital investment, after being held back during the war, were rising strongly, buoyed by the large accumulation of savings, and prices were being pushed up by the sharp rise in U.S. prices. At the same time, the strength and persistence of these pressures were not known. There were continuing fears that once industry had been fully reconverted to civilian production and the immediate backlog of demands had been met, deflation would set in. It was far from clear that the problems and difficulties of the external situation would be resolved without a serious threat to Canada's exports. More generally, attitudes were still strongly influenced by the experience of the inter-war years. The boom of the 1920s, except for a few sectors of the economy, had been more of a stock market phenomenon than a genuine large-scale expansion, while the 1930s had been marked by a contraction and stagnation that had only ended with the war.

In the circumstances, it is not surprising that as the war ended views on monetary policy in this country, as in the United States and Britain, reflected a preoccupation with the difficulties of transition and concern over unemployment. In February 1944, the Bank of Canada lowered the Bank Rate from 2 1/2 per cent to 1 1/2 per cent. In referring to the reduction, the Annual Report for 1943 noted that the stage had come when thought needed to be given to the economic problems that would arise after the war. It went on to state:

> One factor which will affect decisions is the prospective cost of borrowing. It therefore seems appropriate that the Bank should, by reducing its Rate, signify its intention to continue the kind of monetary policy which has brought about the current level of interest rates. A policy aimed at higher interest rates would only become intelligible if, after war shortages are over, consumers' expenditure and capital development were to proceed at a rate which would overstrain our productive capacity. I see no prospect of such a situation arising in a form which would call for a policy of rising interest rates.
>
> Admittedly, the rate of interest is only one of many factors influencing Canada's economic position, and it is probably not

---

Deputy Governor after an absence of about five years during which he served as Chairman of the Wartime Prices and Trade Board.

> as important an instrument of control as was once supposed. It remains true, however, that the prospect of unstable interest rates could make it exceedingly difficult for business to formulate long-term plans. Moreover, high borrowing costs would hamper new investment in plant, equipment and housing, would restrict the expansion of employment, and would seriously complicate the task of government financing.

The move was made at this time both to indicate that a policy of low interest rates would be followed after the war and to allay concern that bond prices would collapse as they had after the First World War. The Canadian public had accumulated liquid assets on a substantial scale during the war; by 31 March 1946 their holdings of Government securities were more than three times greater than before the war and deposits at chartered banks were more than double. For the chartered banks the main counterpart to the increase in deposits was in their holdings of Government securities; bank loans, on balance, were only slightly higher. The much enlarged public debt meant that considerations of debt management were much more important than in the past.

As it turned out the economic expansion of the early postwar years was much more firmly based than was realized at the time. The underlying strength of consumer demand was much greater than had been anticipated and, with expanding demand in the United States, capital investment began to forge ahead, particularly in the forestry and mining sectors where there had been an interval of close to two decades with virtually no net new investment. By 1947, when the first major discovery of oil in Western Canada was made, there were early indications that the basis was being laid for a substantial expansion of Canada's resource industries, though the full postwar boom was still some distance away.

Although the major upward pressure on prices came from external sources the accelerating trend of economic activity through 1946–47 added to the inflationary environment. Between mid-1946 and the end of 1947 the wholesale price index rose by 34 per cent and the cost of living index by 18 per cent. While this may have been largely unavoidable in view of the even sharper increase in U.S. prices, it gave cause for serious concern. Prices continued to rise in Canada during 1948 after they had levelled off in the United States but this largely reflected the lower level of prices here as a result of the more gradual removal of controls.

Despite the strength of the expansion and concern over inflationary pressures, recognition that the situation had changed fundamentally from the pre-war years came only slowly in Canada as in most other countries. The policy adopted by the Bank of Canada was broadly similar to that followed in the United States and Britain. The aim was to limit the growth of chartered bank cash reserves and to restrain the use of bank credit without at the same time producing unsettled conditions in the bond market. As Mr. Towers noted later in reviewing postwar monetary policy at the time of the 1954 Bank Act Revision "under certain circumstances these two aims were a pair of horses which could not be driven in double harness." He went on to state that "concern with reasonable stability of bond prices and interest rates tended to have priority." As in other countries, this emphasis was reflected in a low and stable level of interest rates through much of the period.

During the first year after the war the conversion by the public of some of their holdings of Government bonds was reflected in a further increase in deposits at chartered banks. At the same time, a budgetary surplus enabled the Government to reduce the amount of Deposit Certificates held by the banks, which had been used as a means of war financing. With as yet only limited demand for loans, the banks invested in longer term and higher yielding Government bonds with a consequent increase in their earnings. In March 1946, the banks agreed to limit their holdings of longer term Government bonds to not more than 90 per cent of their Canadian personal savings deposits. They further agreed that earnings on such bonds should not exceed the cost of operating their savings business by more than a moderate profit margin. In the event the ceiling on holdings of Government securities was largely inoperative as the banks shortly began to expand their loans and there was further growth in savings deposits.

During 1947, the strong upward pressure on prices and the accelerating pace of economic activity became increasingly evident. Chartered bank holdings of Government securities declined, largely reflecting the paying off by the Government of the remaining Deposit Certificates and certain other securities. At the same time there was a very substantial expansion in bank loans, in part reflecting increased inventory financing. Although a strong

growth of bank loans was to be expected in the circumstances, the growing practice of the banks of extending term loans to business through the purchase of corporate serial debentures was a source of concern. Such purchases rose sharply in 1947 and by early 1948 it was apparent that business intended to further increase capital investment with consequent pressure on available labour and supplies.

Meanwhile, the decision was taken in early 1948 to allow a modest downward adjustment of bond prices. Offerings had become quite heavy in late 1947, in part reflecting growing financing requirements by the public as well as the psychological effect of an upward movement in yields in the United States. At the same time, in contrast to 1947 when the decline in foreign exchange reserves had added substantially to the surplus available for the retirement of securities, the rebuilding of exchange reserves in 1948 would constitute a drain on the budgetary surplus. Long-term Government bond prices declined relatively sharply in the first two months of the year. However, unsettlement in the bond market caused the Bank to ease the policy adopted in 1947 of reducing chartered bank cash reserve ratios to a somewhat lower level. It also issued a statement at the end of February in which it noted that "the degree of change in interest rates does not appear inappropriate in the circumstances" and went on to state that "the Bank is not in favour of a drastic increase in interest rates."

The trend of developments in early 1948 was discussed at a meeting of the Governor with the chartered banks. The prime matter of concern, as outlined by the Governor, was the rate of increase in bank loans. It was apparent that, in order to meet the demand for credit, the banks would have to sell Government bonds. Accordingly it was "suggested to the chartered banks that conditions prevailing at that time made it undesirable for capital expenditures to be financed through expansion of bank credit . . . It would be preferable for borrowers to obtain such funds by the sale of securities to the public, except in the case of those borrowers, mainly small concerns for whom a public issue would not be an appropriate means of financing." The rate of increase in bank loans and investments (other than Government of Canada securities) slowed considerably in 1948 from its earlier rapid pace and,

as a consequence of the policies adopted, there was a net increase in chartered bank holdings of Government securities.

Mr. Towers began his third, seven-year term as Governor in September 1948 and it is perhaps appropriate to conclude this review of the early postwar years with an excerpt from his statement in 1954 reviewing monetary policy during the period from 1946 to 1953:

> Since there were virtually no idle resources in Canada during these years, an increase in monetary demand over what actually occurred would have resulted mainly in higher prices and only to a minor extent in increased production. On the other hand, it is probable that the rise in our price level could not have been held substantially below that which occurred in the United States without sacrificing an appreciable part of the increase in production which was achieved here. If this is so, then Canada came close to attaining the optimum combination of results, i.e., an increase in production close to the maximum physically possible, combined with an increase in our price level which was close to the minimum possible in view of the upward sweep of United States and world prices.

CHAPTER VI

The Bank of Canada from 1948 to 1952: The pivotal years

So far in this history of central banking in Canada, the intervals covered have represented fairly distinct phases, giving each chapter a natural cohesiveness. This is less true for the period to be covered in the remaining chapters. While there were important landmarks during these later years, they do not provide the central focus imparted by the epochal events of the earlier years. The interval chosen for this sixth chapter, stretches roughly from late 1948 through 1952 but these limits should not be regarded as hard and fast boundaries.

In a sense, these years can be viewed as a pivotal point between the evolution of the Bank of Canada during the first decade and a half of its history and its role in the new postwar economy that was taking shape at this time. By the start of this period, the more immediate problems of postwar adjustment were receding into the background and the economy had moved back to a peacetime basis, with a rising level of activity. Over the next few years, and particularly after the outbreak of the Korean war in June 1950, a new and dynamic stage of development began, though this war also caused distortions. By the end of the period, the forces that would shape the growth of the economy in the years ahead had clearly emerged and while the problems and challenges that this would present to the Bank of Canada were not equally clear, they were beginning to be recognized.

It was during these years that the Bank of Canada first began to exercise the full range of its monetary policy function. Although the inflationary pressures generated by the Korean war were an

---

*Originally published in *Bank of Canada Review*, November 1974, pp. 3–17.

important factor, there was also a growing realization that the economic environment had changed significantly. As the postwar expansion became more firmly based and 'cold war' tensions heightened, it became evident that, unlike the past, the powers of the Bank to contain inflation were likely to be severely tested. It prompted a re-examination by the Bank of the means currently at its disposal for effectively implementing its policies, in particular the need for promoting broader financial markets in which to conduct its operations. As a consequence, early in the period to be examined in the next chapter, various steps were taken towards the development of a full-fledged money market in Canada. Considerable effort was also expended in improving the Bank's analytical tools, as was reflected in the expansion of the departments concerned.

ECONOMIC BACKGROUND

If the problems facing the Bank of Canada during the years from 1948 to 1952 are to be seen in perspective, it is important to have some understanding of the complex forces operating on the economy at this time. By the late 1940s it appeared reasonable to hope that Canada was entering a period of relative stability. The rise in prices had moderated significantly and it appeared that the worst of the postwar inflation was over. At the same time, a marked improvement in Canada's balance of payments had permitted a progressive relaxation of the measures taken in 1947 to counter the sharp drop in foreign exchange reserves.

The Annual Report of the Bank for 1949 drew attention to one of the more interesting aspects of developments that year in the sharp contrast between the trends evident in the U.S. and Canadian economies: "Broadly speaking, Canada did not show any serious effects from the rather sharp recession which took place in the United States during the first half of 1949. During this period the seasonally adjusted index of industrial production declined 12 per cent in the United States, while the Canadian index rose slightly." The Report noted that part of the explanation for this divergence was the fact that the U.S. recession originated in an inventory adjustment and remained largely confined to this sphere. In Canada a number of special factors helped to sustain activity: accumulated wartime demands, in part because of more

effective controls, had been worked off more slowly in this country and consumer demand was stimulated in the first part of the year by the repayment of refundable wartime taxes and a reduction in income taxes. An added element was the stimulus imparted to the economy by recent resource discoveries.

As it turned out, the recession in the United States was both mild and brief — economic activity began to pick up in the latter part of 1949 and recovered strongly in the first half of 1950 — but with memories of the 1930s still vivid, there was concern that it could be the fore-runner of a more serious slump. The pace of activity in Canada rose only slowly through the remainder of 1949 and unemployment increased, though from very low levels. In September the United Kingdom devalued the pound by 30.5 per cent in terms of the U.S. dollar and there was a major realignment of other overseas currencies. In light of the implications of this for Canadian trade and the balance of payments, the decision was taken to devalue the Canadian dollar by approximately 9.1 per cent in terms of the U.S. dollar.

In the event, the strong recovery in the United States in early 1950 brought an accelerating rate of growth in Canada. Industrial production rose sharply, with the resource industries in particular benefiting from the strengthening of U.S. demand and the higher level of exploration and development since the war.

Thus, when the Korean war broke out in June of 1950, the economies of both Canada and the United States were already operating at a high level. The developments that followed brought fresh inflationary pressures and posed immediate and urgent problems for the authorities. As will be discussed in more detail in the following sections, the first complication arose with the large influx of capital during the summer of 1950. This led to the decision to allow the Canadian dollar to float, effective 1 October, thus removing a major constraint on the efforts of the Bank of Canada to restrain the strong growth of credit engendered by the war.

Although Canada was not involved in the Korean war on the same scale as the United States, the war had a major impact on the Canadian economy. In part this resulted from the more

ominous aspect that it gave to the deterioration of relations between the western world and the Communist bloc. Defence programmes were greatly stepped up and, with strongly rising demand for metals and other raw materials, investment in Canadian resource industries surged ahead. Over the next few years, the resource boom was a dynamic force in the rapid growth of the economy. Investment in oil and gas development in the Prairie provinces rose rapidly throughout this period as the magnitude of the discoveries there was confirmed; in Quebec and Labrador iron ore resources were being developed; major projects were being undertaken to expand the supply of aluminum, nickel and other metals; and investment in the forest industries increased substantially. Heavy investment in hydro-electric power, in new railways and other infrastructure accompanied the wave of resource development.

Only part of the expansion of resource industries at this time was directly related to increased U.S. defence and stockpiling requirements but defence considerations, in fact, had a much broader influence. With the political uncertainties of the 'cold war', there was a concentration of U.S. demand on Canada as a preferred source of supply compared with other more distant and less stable sources. Moreover there was a growing realization that the United States was becoming increasingly dependent on imports for many important raw materials and that raw material requirements in Europe would be rising as output there expanded. All of these factors led to an extremely optimistic view of resource development in Canada, a view that was reinforced by the work of the Paley Commission in the United States and the forecasts of much higher future U.S. requirements contained in its Report published in 1952.

In addition to the stimulus from the heavy programme of resource development, the higher level of defence expenditures and the large-scale investment in defence installations, notably the building of early warning radar lines, added to the pressures on the economy. Finally there was another important, though less tangible, element in the strength of the economy at this time. Canada's population was expanding rapidly, reflecting both the postwar baby boom and a rise in immigration, and the economy

was becoming increasingly diversified. In themselves these factors provided added strength and buoyancy.

While the force of all these highly stimulating developments brought a period of rapid growth to the Canadian economy, they also brought in their wake serious inflationary problems. Initially much of the pressure came from the widespread expectations, both in Canada and the United States, that the much enlarged defence expenditures would lead to shortages and higher prices. This set off a wave of anticipatory buying as business and governments sought to accumulate inventories, and consumers to increase their purchases, particularly of durable goods. Prices of certain internationally traded commodities rose sharply and there was a substantial increase in wholesale and consumer prices generally. However, in both Canada and the United States, output responded strongly and there were delays in implementing defence programmes so that the availability of goods turned out to be greater than expected. Consequently, the initial stage of post-Korean developments came to an end in the first part of 1951. Buying slackened and the economic situation was no longer dominated by expectations of shortages, even though there continued to be pressures on the economy from rising defence and capital investment requirements. A reversal of commodity prices began after mid-1951 and by early 1952 the intensity of inflationary pressures was easing. Although the Canadian economy, like that of the United States, continued to expand strongly through 1952, there was a pronounced moderation of the upward trend in prices.

It is of interest to note that, while the expansion that began in 1950 continued almost without interruption through the mid-1950s, it was not until near the end of this period that problems of inflation began to emerge again and then on a much less serious scale than right after the Korean war. Notwithstanding the strongly stimulative forces, there were various constraining influences at work which resulted in the expansion, strong as it was, being more restrained than might have been expected. In part because of the experiences of the 1930s and the war years there was not the same sort of optimism that there had been during previous booms. Moreover the continuing 'cold war' added to the feeling of uncertainty. There were as well a number of specific factors that worked towards a dampening of the boom, in

particular the concurrent discoveries of large pools of low cost oil in the Middle East and, somewhat later, a change in strategic considerations that resulted in Canada no longer being perceived as having a special advantage as a source of supply.

EXTERNAL DEVELOPMENTS AND THE BALANCE OF PAYMENTS

In the immediate postwar period, the adjustment of Canada's trade to the changed external environment brought about by the war was delayed by the urgency of relief and reconstruction needs and the greater than expected difficulties of restoring production in Europe. With the postwar loans extended by Canada being drawn down more rapidly than had been foreseen and imports from the United States increasing, foreign exchange reserves declined sharply.[1] In late 1947 quotas and restrictions were placed on imports, mainly from the United States, and agreement was reached with the United Kingdom that the remainder of the loan to that country would be drawn down more slowly. As a result of this and the continuing restrictions on dollar imports by overseas countries, the proportion of exports going to the United States increased substantially, marking the beginning of a major shift in the direction of Canada's export trade from the traditional pre-war pattern. Imports from the United States were temporarily dampened in 1948 but with the restrictions largely removed before the end of the year and with the competitive position of overseas countries relatively weak, there also began to be a significant, though less pronounced, shift to the United States as a source of supply compared with the pre-war pattern. As a result of these developments, there was some lessening of the bilateral imbalance that had characterized earlier years.

While this shift in trade was one of the more significant features of the changes occurring at the time, the period under review also represents a pivotal point for the balance of payments generally. It was during these years that the current account moved into deficit, ending an era of almost a generation during which there had been consistent surpluses and commencing one of almost equal length during which there were persistent, and for much of the time, increasing deficits, together with substantial capital inflows.

---

[1]See Chapter V.

Although the adjustment of Canadian trade in the late 1940s to the new situation was smoother than might have been anticipated, the loss of overseas markets created difficulties for a number of industries. Moreover, the current account position in 1949 was less favourable than in 1948 when a strengthening of both the current and capital account had been reflected in an increase of $496 million in foreign exchange reserves and a progressive easing of foreign exchange controls and restrictions on imports. Although there was a further modest recovery in exchange reserves in 1949, the current account deficit with the United States widened, reflecting a slowing in the growth of exports and a rise in imports and in net tourist payments following the easing of controls. At the same time, there was little change in the trade position with overseas countries but this was largely the result of the continuing 'dollar problem' and restrictions on dollar imports. Although output in Western Europe was recovering, it was becoming increasingly evident that the existing structure of exchange rates was hampering an expansion of exports to the dollar area, and pressure on the pound sterling mounted. On 19 September the United Kingdom devalued the pound by 30.5 per cent in terms of the U.S. dollar; other countries in the sterling area (except Pakistan) and certain smaller European countries also devalued by the same amount and most other European countries by lesser amounts. At the same time, restrictions on dollar imports were tightened.

It was against this background that the Canadian Government decided to reduce the value of the Canadian dollar in terms of the U.S. dollar by approximately 9.1 per cent, effective 20 September 1949. In announcing this decision, the Minister of Finance directed attention to the fact that Canada's foreign exchange reserves, though substantially higher than at the end of 1947, were not yet at a satisfactory level, and stressed the need, in these circumstances, of pursuing policies that would help to prevent a deficit in our trading position. The Annual Report of the Foreign Exchange Control Board for 1949 pointed out that "since the likelihood of our being able to continue to sell a reasonably large volume of goods to sterling area and Western European countries depends to a great extent on their ability to export more to this hemisphere, we must welcome a step which should enable them

to increase [their] exports. Moreover, the improved competitive position of sterling area and Western European producers as compared with United States producers will provide a price incentive for Canadian importers to shift from United States to overseas sources for their imports." The Report went on to suggest that the emergence of a new structure of exchange rates favourable to a better balance between Canada and its major trading partners should assist in easing Canada's trade and payments problems.

This decision had been taken for good reasons at the time but within less than a year circumstances were altered drastically by the outbreak of the Korean war. Although the current account moved into substantial deficit in 1950 for the first time since 1933, the deficit with the United States narrowed substantially, reflecting a strong rise in exports. At the same time, there was a substantial increase in the inflow of direct investment into Canada. But by far the most spectacular development was the large inflow of speculative capital in the third quarter of the year.

Through the early part of 1950, the growing momentum of resource development in Canada and the favourable longer-run implications of this for Canada's balance of payments led to an increasing interest on the part of U.S. investors in Canada, in part based on the view that the exchange rate was too low to be maintained indefinitely. The outbreak of the Korean war precipitated a massive influx of largely speculative capital from the United States into Canada, in part reflecting the prospects of higher profits from the sharp rise in demand for raw materials and higher prices, and in part reflecting the view that there would be an early appreciation of the Canadian dollar. Exchange reserves, which had increased moderately through the first half of the year to around $1.2 billion, rose to about $1.8 billion in the early autumn. The magnitude of this increase was pointed up by Governor Towers in a speech in Toronto in November when he remarked ". . . I doubt whether any other country has ever experienced a capital inflow of proportionate size in such a short space of time. A comparable situation for the United States would be one in which the Government was called upon to buy more than 10 billion dollars worth of gold in four months."

The financing of this large increase in exchange reserves posed formidable problems for the authorities, necessitating offsetting

action if the inflationary pressures already evident in the economy were not to be aggravated. Initially it was possible to finance the increase in exchange reserves by drawing on Government cash balances but in August and September, as the inflow continued and increased in volume, special financing arrangements were required. These included the sale of $200 million of Deposit Certificates to the chartered banks at the end of August and net purchases by the Bank of Canada of foreign exchange assets in August, September and early October amounting to $393 million. The Bank acted to partly offset the effect of this on the cash reserves of the chartered banks through the net sale of securities to the extent of $337 million in this period. There were, however, limits to the offsetting action that the Bank could take. With the inflow showing no sign of moderating, the decision was taken to withdraw fixed exchange rates for the Canadian dollar, effective 1 October. The inflow of speculative capital abated, though there was some further increase in exchange reserves in early October.

As noted in the Annual Report of the Foreign Exchange Control Board for 1950 "in considering action appropriate to check the inflow the Government reviewed the possibility of moving the par value of the Canadian dollar to a new and higher fixed level but concluded that under the conditions then existing it was impossible to determine in advance with any reasonable assurance what new level would be appropriate." No serious thought was given to applying the foreign exchange controls in reverse in order to limit the inflow. The existing structure of controls, which had been built up for the purpose of controlling outflows, was maintained with modifications to take account of the move to a floating exchange rate and the resumption of trading. The freeing of the exchange rate was a major and sudden change for the commercial and financial community, coming as it did after eleven years of fixed foreign exchange rates on the U.S. dollar and the pound sterling without any margin of fluctuation. In order to assist in the re-establishment of a foreign exchange market in Canada, the Foreign Exchange Control Board, as a temporary measure, undertook to provide the services of two former brokers. Later, the brokers became salaried employees of the Canadian Bankers' Association, as they are today [1974], rather than independent brokers as had been the practice before the war.

With the withdrawal of a fixed exchange rate, the Canadian dollar appreciated by about 4 per cent in terms of the U.S. dollar and remained relatively stable for the next twelve months. In the closing months of 1951, however, an improvement in the current account position along with capital inflows resulted in a further strengthening of the exchange rate. It continued to advance in 1952, moving to a premium over the U.S. dollar of between 3 and 4 per cent in the final months of the year. In large part the upward movement in 1952 was due to the large favourable swing in the current account balance from a deficit of over $500 million to a surplus of over $150 million. This surplus, the last for many years, resulted from the conjuncture of a sharp drop in prices of imported commodities together with well sustained export prices and an increased volume of grain and other exports. There was a continuing substantial capital inflow from direct investment and Canadian borrowing in the U.S. market, but the appreciation of the dollar in 1952 led to a significant offsetting outflow of capital in other forms and the net addition to exchange reserves was small.

Although foreign exchange controls had been maintained after the move to a floating rate, the regulations were gradually relaxed and the staff of the Board was reduced during 1951. It was also plain that with exchange reserves at a high level, one of the impediments that at times can make it difficult to dispense with controls after a long interval — the accumulation of blocked funds — was no longer a matter of serious concern. On 14 December 1951 it was announced that foreign exchange control had been terminated completely. It had become so much a way of life that there was a surprising volume of correspondence from individuals and companies for several years afterwards. Its termination also affected the Bank. Although a separate body, the Foreign Exchange Control Board had always been closely associated with the Bank, which had provided senior staff and had been required to act as technical adviser and banker to the Board as well as to look after administrative matters. Towards the latter years of the Board its staff had been largely integrated into the Bank; its closing meant adjustments and transfers of staff as well as an over-all reduction of staff.

MONETARY POLICY

From the point of view of monetary policy, the year or so prior to the outbreak of the Korean war was not a particularly significant period. By 1949, the postwar inflationary pressures had abated and though prices began to rise again in late 1949 and early 1950 with the upturn in activity in the United States, the increase was quite moderate. In February 1949, the Bank of Canada withdrew the suggestion made a year earlier to the chartered banks that conditions prevailing at that time made it undesirable for capital expenditures to be financed through an expansion of bank credit. The increase in chartered bank loans and non-Government investments in 1949 was much more moderate than in previous postwar years. There was little change in bond prices until the latter part of the year when a slight strengthening occurred. The chartered banks increased their holdings of Government securities in the early part of 1949 but in the latter part of 1949 and early 1950, with the firming of the bond market, the Bank of Canada managed the cash reserves of the banks so that they would have to be net sellers of bonds in order to expand loans. The cash reserve ratio declined to below 10 per cent at the end of 1949 for the first time in many years.

The developments associated with the Korean war presented the Bank of Canada with new and difficult problems. Although considerable reliance was placed on fiscal and other direct measures, the Bank for the first time in its history followed a policy of monetary restraint, albeit somewhat cautiously and in conjunction with moral suasion. This more flexible approach differed markedly from the early postwar years when priority was given to maintaining a low and stable level of interest rates. As Mr. Towers noted later in reviewing postwar monetary policy at the time of the 1954 Bank Act revision "we had a distinctly better chance than in the earlier postwar years of exerting a restraining influence without having to go to extremes in policy. While the banks were still in a very liquid position, their holdings of Government of Canada securities represented some 36 per cent of their Canadian assets as compared with 53 per cent in March 1946." The total public debt was also appreciably less relative to national income, reflecting both a retirement of debt during the early postwar years and the growth of the economy and rise in prices.

The net increase in the Bank of Canada's foreign assets from August to early October 1950 had been largely offset by a reduction in its holdings of Government securities. Nevertheless there had been a considerable expansion of chartered bank cash reserves; for 1950 as a whole, the increase in cash reserves amounted to $56 million compared with $15 million in 1949. In the closing months of the year, bank loans and non-Government investments began to rise sharply, and the Bank of Canada moved to a policy of restraint. In order to mark the change of approach, the Bank Rate was raised on 17 October to 2 per cent from the 1 1/2 per cent level established in 1944. In the accompanying press release the Bank stated that the change was an indication that the view expressed in 1944, that it did not see any prospect of an economic situation in the postwar period that would call for a policy of raising interest rates, no longer held good under present conditions. Yields on shorter term Government bonds had begun to rise in the early autumn and in November the long-term bond market softened. Over the next few months yields on both short- and long-term issues rose appreciably. It is significant that this decline in bond prices preceded a similar movement in the United States early in 1951; it was more feasible because of the freeing of the exchange rate at the beginning of October.

Various fiscal actions were also taken in the autumn of 1950 to counter the inflationary pressures from the expansion of defence outlays. Corporate income taxes and sales taxes were increased in a special budget in September, and in November legislation was introduced under the Emergency Powers Act to restrict consumer credit.

By the beginning of 1951, it was becoming evident that, with the upsurge in demand in the latter part of 1950, inflationary pressures were mounting and were likely to be intensified by rising defence expenditures. The Annual Report of the Bank for 1950, published in early 1951, discussed the economic implications of the prospective increase in defence expenditures and various ways of minimizing the inflationary consequences. It recognized that, with the added defence requirements, demands on the economy were likely to exceed the available supply of goods and services and suggested that it might be necessary to make increasing use of direct controls to back up fiscal and monetary measures.

Through the early part of 1951, various fiscal and monetary measures were taken to restrain the degree of pressure on the economy and, in the case of steel and a few other scarce materials, action was taken to directly control their use. In February the Government acted to increase downpayments on housing financed under the National Housing Act and in March, under the terms of the Consumer Credit Regulations which had come into effect in November 1950, the Government increased downpayments and shortened repayment periods on instalment credit. The Budget in April provided for increased excise, sales and personal and corporate income taxes and, as a further anti-inflationary move, a deferral for four years of the right to claim depreciation as a reduction of taxable income on certain types of new capital expenditures.

On the monetary side the most significant development was the understanding reached with the chartered banks in February. Chartered bank loans were rising rapidly, and as was noted in the Annual Report for 1951, the Bank of Canada felt that "the situation called for action over and above further tightening of the chartered banks' cash reserve position." Meetings were held with representatives of the chartered banks to discuss the situation and it was agreed that "further expansion in total bank credit[2] was undesirable under existing conditions." In order to prevent such a development the banks undertook to scrutinize loan applications more rigorously and to encourage borrowers to go to security markets or elsewhere for their capital requirements. As part of the agreement specific working rules were established for the banks, increasing the minimum margin requirement for loans on the security of corporate stocks and instalment finance paper. Although bank loans continued to rise for a time after the agreement, largely because of outstanding commitments, from the end of March to the end of December there was no further increase and, after allowing for seasonal factors, there was even a decline.

The Bank of Canada maintained tight control on the cash reserves of the banking system during the first half of 1951. A considerable part of the Government's over-all cash surplus was used to acquire foreign exchange assets purchased by the Bank in 1950. Although the Bank made net purchases of Government securities, the cash reserves of the chartered banks were reduced by

---

[2] "Bank credit" includes bank loans and non-Government securities.

$42 million and the daily average cash reserve ratio through this period was 9.8 per cent. In the second half of the year there was a distinct easing of the chartered banks' cash position and cash reserves rose by $124 million. The Annual Report for 1951 pointed out that "it was evident that there was a desire on the part of banks to maintain a higher cash reserve ratio than they had during the first half of 1951." The daily average for the period was 10.6 per cent. The Report also pointed out that after the first quarter of the year there was an easing of consumer demand, though with requirements of defence and capital expenditures gradually increasing, "the over-all economic situation remained one of strain."

The year 1952 was a less difficult one than its predecessor. In part this was owing to the efforts to resolve the Korean war. Although progress was painfully slow, there was at least a willingness to continue negotiations and a reduction in combat activity. At the same time, a number of favourable developments, in particular a sharp fall in import prices in Canadian dollar terms, helped to arrest the upward movement in domestic prices. There was also a substantial increase in real output. The various restrictive measures taken in 1951 were eased and dismantled. In January 1952 it was announced that the understanding worked out with the banks the previous year would be continued but without a specific target, and in May the restrictions on bank credit were suspended, with the exception of the 50 per cent margin on bank loans secured by corporate securities. Consumer credit regulations were relaxed and then lifted in May.

Although chartered bank loans continued to decline until March, they then began to increase and in the second half of the year expanded substantially. The cash reserve ratio declined to under 10 per cent at mid-year and during the remainder of the year the banks were forced to sell shorter term Government of Canada securities in order to maintain their cash position. Short-term yields rose appreciably, though there was only a slight increase in long-term yields. In November, the Governor, at a meeting with the general managers of the chartered banks, drew attention to the rapid expansion of loans and stressed the need to maintain the quality of bank assets.

In looking back to the boom of the 1950s from this later vantage point, one of the characteristics of the period that stands out as being common to most industrial countries was the marked bias in economic thinking towards an underestimation of both the strength and persistence of the expansion and of the inflationary tendencies in a modern industrial society. There were reasons for this, among them the difficulty of gauging the consequences of the far-reaching structural changes in the world economy brought about by the war and the extent of the accumulated requirements in most economies after nearly two decades of depression and war. Moreover, since most of those in authority had lived through a decade of depression and sluggish growth during the formative stage of their careers, this experience tended to colour their thinking. During the early years of the boom, as the discussion in this chapter indicates, the pressures that developed were in part related to the exigencies of the Korean war and it could be argued that they were a temporary phenomenon. It was, in fact, the beginning of a period of strong growth with only minor interruptions and as strains developed in the mid-1950s there were real grounds for differences of opinion as to the nature of the boom and the policies that should be followed. At a relatively early stage the view developed within the Bank of Canada that the expansion in Canada was becoming more deeply rooted and had strong self-generating characteristics; this belief began increasingly to form the basis of the Bank's policy and advice through the mid-1950s.

* * *

Before concluding the account of this period, reference should be made to the important break with the Bank's past that occurred with the resignation of Mr. Donald Gordon at the end of 1949 to become President of the Canadian National Railways. Mr. Gordon had played an important role in the early formative years of the Bank, first as Secretary and then as Deputy Governor. He made a major contribution in assisting the establishment of the Foreign Exchange Control Board during the early years of the war and became Chairman of the Wartime Prices and Trade Board. On 1 January 1950 Mr. J.E. Coyne became Deputy Governor.

The death of Dr. W.C. Clark in late 1952 brought to an end an association that went back to the earliest days of the Bank. In many respects this relationship had been quite unique in that

Dr. Clark had played an important part in the developments that led to the creation of a central bank in Canada and in the planning and shaping of the new institution. In his capacity as Deputy Minister of Finance he had been a Director of the Bank and a member of the Executive Committee from the time the Bank began operations until his death. His association with the Bank during its early formative years and during the difficult days of the war had been very close.

Finally, reference should be made to the entry of Newfoundland into Confederation on 31 March 1949. While this historic event meant that Newfoundland was formally brought within the orbit of the Bank of Canada and the Foreign Exchange Control Board, it had for many years been within the 'Canadian dollar area' and its commercial banking services were supplied exclusively by Canadian banks. Foreign exchange control measures had paralleled those in Canada and while they were enforced by two separate bodies, the procedures were largely identical and there was close collaboration. As a consequence, the connections between the Bank and Newfoundland were closer than in most Government departments and several Bank officials were able to be of service during the long and complex negotiations that resulted in Confederation.

CHAPTER VII

The Bank of Canada in 1953 and 1954: A further stage in the evolution of central banking in Canada

In many respects the problems and challenges that have confronted the Bank in more recent years have differed substantially from those it faced during the first two decades of its history. At the time the Bank began operations, the world economy was very slowly recovering from the severe depression of the early 1930s and the main aim was to encourage an upturn in activity. Within a few years, World War II had broken out and the need to maximize the war effort became the overriding consideration. The transition to a peacetime economy was accomplished relatively smoothly and rapidly but the external situation remained a source of concern and attitudes continued to be influenced by the experience of the inter-war years. Although the situation began to change in the early 1950s, particularly after the outbreak of the Korean war, the direction of policy up until that time had been either mainly stimulative or subordinate to wartime controls. It was not until the mid-1950s, when the postwar expansion and upsurge in resource development began to take on boom dimensions and to exhibit strong self-generating characteristics, that the Bank began to pursue an active monetary policy.

The drawing of a line at this point is, of course, arbitrary. Many of the forces that would shape the growth of the economy in later years were already at work in the early 1950s and earlier. Views on monetary policy, which in the immediate postwar

---

*Originally published in *Bank of Canada Review*, January 1976, pp. 3–14.

period had reflected a preoccupation with the difficulties of transition and concern about unemployment, began to change at this time in Canada as in other countries.[1] While the severe inflationary pressures generated by the Korean war were a major factor, there was also a growing realization within the Bank that the economic environment had changed significantly and that inflation was at least as likely to be a problem in the future as insufficient demand. This readjustment in thinking was one which occurred gradually. In Canada, as in most countries, there continued to be a bias towards low and relatively stable bond yields and considerable emphasis was placed on fiscal and other direct measures in combatting the inflationary pressures that followed in the wake of the Korean war. However, the Bank of Canada for the first time in its history moved to a restrictive monetary policy, though it did so cautiously and in conjunction with the use of moral suasion.

More significantly, the Korean war experience, as well as a developing view within the Bank that the basis was being laid for a strong and sustained expansion, prompted the Bank in the early 1950s to re-examine the tools available for implementing its policies. The institutional and legislative framework within which the Bank operated had changed very little over the years and, in the absence of an effective money market capable of responding sensitively to changing market demands, the ability of the Bank to implement policy through open market operations, without risking possible disruptive side effects, was severely restricted. Beginning in 1953, various steps were taken to encourage the growth of a short-term money market in Canada. Important changes were also made in banking legislation in 1954 when the Bank Act came up for decennial revision, the first such revision outside wartime since the establishment of the central bank. It is these developments that distinguish this interval in the Bank's history and on which this chapter will focus.

CHANGES IN BANKING STRUCTURE

When the Macmillan Commission in 1934 recommended the establishment of a central bank in Canada, it pointed out that the operations of the new central bank would be hampered by the lack of a developed money market in this country. While Canada in

---

[1]See Chapter VI.

most respects had a well-established financial structure, it did not possess a short-term market in any real sense. Treasury bills had been sold to individual banks during the First World War and for some years afterwards, and the first auction of bills was held in March 1934. However, though the bills provided the Government with a means of borrowing short-term from the banks, they were not regarded as liquid and were not traded. The chartered banks also had call loans on their balance sheets but, though they resembled in form such loans on the New York and London markets, in practice they were not regarded as callable on demand by either lender or borrower. To a large extent, the banks relied on the facilities of the New York market where they had long been active, particularly in the call loan market, to meet any requirements for liquidity that could not be met through the regular maturing of bills of exchange or other short-term paper which had always constituted an important share of their assets. Although they were able in this way to meet sudden demands for liquidity, their involvement in the New York market had at times worked in a way that was detrimental to the economy. Undoubtedly, the availability of the well-developed New York market and its close proximity to Canadian financial centres had been an inhibiting factor in the development of even a rudimentary money market in Canada.

The establishment of a central bank was an essential step in the evolution of a money market in Canada. From the first, the Bank of Canada sought to encourage the development of a market in treasury bills and other short-term Government securities. Since it was prepared to buy and sell bills at prices close to the latest tender rate, the chartered banks came to regard bills as their most liquid asset after cash. Regular fortnightly auctions were introduced in 1937 but the amount outstanding remained small until the war years when there was a substantial increase. After the war, the amount outstanding was held unchanged, though other Government debt was reduced. The market for treasury bills, however, remained largely limited to the chartered banks and the Bank of Canada and there was little secondary market trading.

Although it had not been possible to make much progress, the Bank of Canada continued to view the establishment of a money market in Canada as a highly desirable development. This is

evident from statements in Annual Reports; it is also a recurring theme in the internal memoranda and correspondence of this period. However for many years other considerations had a greater urgency. At the outset there was no great need for a money market nor were conditions particularly favourable to encouraging its growth, though it was recognized that the circumstances were not normal and that, if economic activity recovered as hoped, the Bank's ability to control the cash reserves of the banking system and influence credit conditions could be handicapped. During the war years and immediately after, the programme of controls meant that there was less need for a market mechanism and that in practical terms any effective move towards an orderly introduction of a money market was out of the question. However, by the end of the 1940s it had become apparent, with the return to peacetime conditions, that not only was the need for innovative steps becoming pressing but that the strong postwar expansion of the economy was creating an environment in which efforts to foster a money market could be expected to have prospects for genuine success. Both the number and resources of potential participants in a money market had increased substantially and, though a non-bank market for treasury bills had not developed to any extent, short-dated Government bonds were held in large amounts outside the banking system and were actively traded.

For several years the Bank, in trading in treasury bills, had progressively widened the spread between its buying and selling levels in order to create an incentive for the chartered banks to look elsewhere for buyers. These efforts had met with little success and in early 1953 a number of important new steps were taken. The principal objective was to broaden the market for treasury bills and other short-term paper by encouraging some of the larger investment dealers to act as 'jobbers', that is, to hold an inventory of short-term securities and other paper and to stand ready to buy or sell. With this end in view, the regular auction of treasury bills was changed from a fortnightly to a weekly basis, a nine-month issue was offered in addition to the three-month issue and the amount outstanding was gradually increased over the next few months from $450 million to $650 million.[2] Concur-

[2]The Government stopped issuing nine-month bills on a regular basis in 1955. For a description of the treasury bill auction and the develop-

rently with these steps, the Bank of Canada undertook to provide investment dealers who were prepared to take a jobbing position with an alternative means of financing inventories of short-term Government securities through the institution of Purchase and Resale Agreements (PRA). Under these arrangements, the Bank would, if required, provide participating dealers with short-term accommodation up to a specified limit for each dealer by purchasing treasury bills and/or short-term Government bonds under an agreement to resell the securities at a pre-determined cost to the dealer. Initially these facilities were made available to 'approved' dealers at a rate lower than that charged by the banks for call loans, but it was hoped that a true call loan market would develop and that the Bank would become a lender of last resort.

In a related move, the Bank also held discussions during 1953 with the chartered banks on the use of its discount facilities. Over the years, the banks had generally maintained cash reserves well above the required minimum and had only resorted to discounting at the Bank of Canada on rare occasions and for exceptional reasons; indeed, to do so was generally regarded as a sign of poor management. During these discussions the Bank endeavoured to define more precisely and to clarify the conditions under which the banks could borrow, and in general to encourage the banks to make more use of the discount facilities, not as a means of augmenting their cash reserves over the long run, but as an aid in the day-to-day management of their cash positions. Such a development was favoured by the Bank since it would not only lead to a closer relationship between Bank Rate and market rates but would add to the visibility of a money market through an increased responsiveness by the banks to changes in their liquidity.

It soon became apparent that the steps taken in early 1953 were not producing the intended results. The facilities offered by the Bank were proving more attractive than the call money arrangements with the chartered banks, and as a result the investment dealers that had been given PRA privileges were shifting their borrowing to the Bank of Canada. Despite the substantial increase in the amount of treasury bills outstanding, a non-bank market had not developed and the amount held by the general

ment of the market after 1954, see "Government of Canada treasury bills", *Bank of Canada Review*, May 1972, pp. 3–13.

public at the end of the year was about the same as a year earlier. However the Bank of Canada's holdings of PRA had risen from nothing to between $15 and $25 million towards the end of 1953 and continued to rise to more than $70 million in June 1954.

Towards the end of 1953, Bank of Canada officials held further discussions with leading members of the banking community on what steps might be taken to breathe life into the money market. In the Governor's view, as communicated in a letter to a prominent banker, there were advantages for the banks if a money market could be developed. What was required was a favourable environment and some additional technical arrangements. He pointed out that there should be at least several jobbing intermediaries who would deal actively and fairly continuously in treasury bills and short-term Government bonds and possibly other paper as well. He went on to note that the experience of recent years had led him to conclude that direct dealing between banks or a clearing of transactions by the central bank were not adequate substitutes for expert jobbers. The Bank had taken a number of steps to this end but this was not enough if a favourable environment for the jobbing function was to be established. At least some of the chartered banks must make apparent their interest in and support of the function. This would include a willingness on the part of each bank to respond promptly and consistently to variations in their liquidity. The Governor noted that there had been a growing tendency on the part of the banks to let their cash ratios fluctuate appreciably above or below the traditional 10 per cent level. He pointed out that jobbers cannot function effectively unless they have access to adequate credit facilities and that this could be best met through the development of a true call loan market. To pave the way the Bank had begun providing lines of credit to approved dealers which should only be used as a last resort. Lastly the Governor noted that certain service charges, in particular that for 'over-certification', were proving to be a deterrent.[3]

By June 1954 it was possible, with the co-operation of the banks, to take a further decisive step. The Bank of Canada had developed a group of approved dealers who were prepared to act as jobbers and the chartered banks agreed that they would provide

[3]Over-certification is the charge paid by a dealer for a 'daylight overdraft' used to finance the purchase of securities sold later the same day.

day-to-day accommodation to these dealers, within the limits of their PRA arrangements with the Bank of Canada, on the pledge of the same type of securities that were eligible for PRA. The day-to-day loans would be highly liquid since a loan extended one day would be callable before noon the next day and the Bank of Canada stood ready, if necessary, to act as lender of last resort. The day loan market began with an agreed interest rate of 1 1/2 per cent and thereafter the rate was determined competitively. At the same time, the chartered banks reduced their charges for over-certification. (They were completely eliminated for certain money market transactions in 1957.) The Bank of Canada further encouraged the use of the day loan market by the banks for purposes of adjusting cash reserves by discontinuing the practice of paying by direct credit to reserve accounts for any securities sold to it by the banks. Instead it began routing payments through the clearing system with the effect that the cash was received at least two days after the date of sale; on the other hand if a bank called a day loan before noon, settlement was made the same day in clearing house funds with credit at the Bank of Canada the next day.

Immediately on commencement of the day loan market, PRA outstanding at the Bank of Canada fell to zero and during the remainder of the year the Bank's facilities were used only infrequently. Dealers were able to finance increased inventories of treasury bills and other short-term Government securities through day loans from the banks and began actively to seek customers. The amount of treasury bills outstanding was increased to $780 million at the end of 1954 and the holdings of the general public, including money market jobbers, increased significantly to over $200 million.

Meanwhile important changes were made in banking legislation in 1954 as part of the regular decennial revision of the Bank Act. The most significant in terms of the development of the day loan market was the change in the method of calculating the cash reserves of the chartered banks. At the time the Bank of Canada was established, the cash reserve requirement had been set at a minimum daily ratio of 5 per cent of Canadian dollar deposit liabilities. This was the ratio that had been suggested in the Macmillan Report and, though there was no specific reason

for choosing this precise level, it had seemed advisable to establish a relatively low figure while the new system was evolving, particularly as the economy was at the time still recovering from the depression. In the event the ratio was not changed until the 1954 revision, though in practice the banks, because of daily fluctuations in their cash balances, worked to a ratio of 10 per cent. The new system, which came into effect 1 July 1954, required the banks to maintain minimum monthly average cash reserves of 8 per cent of the average amount of their Canadian dollar deposit liabilities.[4] Since the banks were able to run their cash reserves much closer to the required minimum under the new system and soon began to work to lower ratios, this change together with the development of the day loan market, which provided an alternative means of adjusting cash reserves, contributed to a more active bill market. For the Bank of Canada the adoption of the monthly average cash reserve ratio of 8 per cent provided a firmer fulcrum for its cash management policy.

In conjunction with the change in calculating cash reserves, the Bank of Canada Act was amended to give the central bank the authority to vary the minimum ratio between 8 per cent and 12 per cent, subject to a month's notice for any change and a limit of one per cent a month for any increase. In proposing this change, the Minister of Finance noted that it would bring the powers of the Bank more in line with those of central banks in other countries; he went on to suggest that it was not expected that it would be used frequently but that it should be available for special circumstances. The ratio was, in fact, never varied during the period the Bank had this power.[5]

---

[4]Canadian dollar statutory deposit liabilities were measured as the average of total deposit liabilities payable in Canadian currency at the close of business on the four consecutive Wednesdays ending with the last Wednesday but one of the preceding month. Cash reserves of the chartered banks continued to be defined as notes of, and deposits with, the Bank of Canada. Bank of Canada notes were measured on the same basis as statutory deposits, i.e., as an average of the note holdings at the close of business on the four consecutive Wednesdays ending with the last Wednesday but one of the preceding month. Deposits with the Bank of Canada were calculated as an average of each juridical day's deposits of the current month.

[5][The required ratio was changed in 1967 but the Bank, at the time

In addition to the changes affecting reserve requirements, the 1954 Bank Act revision included a number of other significant changes. Earlier in the year the National Housing Act had been revised to provide for government mortgage insurance on loans by approved lenders. The chartered banks were included in the list of approved lenders and the Bank Act was amended to give the banks this power. Previously the banks had, with only a few exceptions, been prohibited from lending on the security of mortgages on real estate. The Bank Act was also changed to authorize the banks to take chattel mortgages in making personal loans.

The revisions of the Bank Act and the Bank of Canada Act involved hearings before the House of Commons Standing Committee on Banking and Commerce at which the Governor, Mr. Towers, appeared as a witness. This was one of the first occasions on which the Bank presented a comprehensive review and assessment of its performance and coming at the time it did, it was of particular interest. In his presentation, Mr. Towers described the factors influencing the Bank's policy during the period from 1946 to 1953 and clearly indicated that in his view, given the external environment, a more restrictive monetary policy would not have insulated Canada from the upward sweep of U.S. and world prices. At the end of his statement he referred to the various steps taken to facilitate and encourage the growth of a short-term money market and went on to note that while the development of an effective money market "might appear to be rather a technical matter, primarily affecting the banking system, it is in reality a matter of much wider importance. A broad and responsive market in Government of Canada securities, and the existence of the machinery which makes such a market possible, helps to develop a better market for other securities and to channel funds where they are most needed for the development of the country."

MONETARY POLICY

By early 1952 the severe inflationary pressures generated by the Korean war had begun to abate and, though the economy continued to expand strongly through 1952, there was a pronounced moderation of the upward trend in prices. In May of that year, the

---

Watts wrote Chapter VII, had not availed itself of the power of varying the ratio. Ed.]

direct restrictions on consumer credit and on bank credit adopted in 1950–51 were removed, leaving the conduct of monetary policy to normal central banking operations. As was pointed out earlier, this return to a reliance on traditional methods was one of the factors that prompted the changes introduced in 1953–54.

As it turned out the 1953–54 period was one of relative tranquillity on the economic front and this probably facilitated a smooth adjustment to the various changes. At the start of the period the Canadian economy was still showing a good deal of strength. However, the Korean war was tapering off; agreement on a truce was reached in June 1953. Partly reflecting this, the pace of activity in the United States had begun to slacken in the spring of 1953; during the next few quarters the U.S. economy turned down as defence spending was reduced and inventories, which had been rising rapidly, were cut back. The recession in the United States could not help but have an impact on Canada where similar influences were at work. However as the Canadian economy continued to draw support from a rapid rate of resource development and sustained world demand for many basic exports, the downturn here came later and was milder. Thus, although output and employment in a number of industries declined quite sharply, activity in other areas remained at a high level or expanded. By late 1954, recessionary influences had waned and economic activity in both Canada and the United States turned up, the pace of expansion gathering momentum through 1955.

Demand for bank credit remained strong through most of 1953 and the direction of monetary policy continued to be towards restraint until late in the year. Much of the increased demand for bank loans was related to inventory accumulation and to a lesser extent to the growth of consumer credit. At a meeting with the General Managers of the chartered banks in mid-1953, the Governor indicated some concern about the pace of expansion of bank loans and of holdings of non-Government securities as well as a tendency by the banks to let their cash reserves fluctuate below traditional levels. He intimated that they should not let their cash ratios fall much below 10 per cent at any time nor should they let them remain below 10 per cent for more than a short period. However, with growth in the U.S. economy already slowing

and a revision of the Bank Act on the horizon, no other steps were taken.

The situation began to change in the latter part of 1953, as it became evident that a moderate downturn in economic activity was in progress. Demand for bank credit slackened and yields on Government of Canada bonds began to move down, following with some lag the trend of U.S. interest rates. The decline in interest rates in late 1953 and early 1954 was not resisted by the Bank of Canada and in the latter half of 1954 the Bank only partially offset the increase in excess cash accruing to the banks from downward adjustments in their cash reserve ratios following the Bank Act revision. Demand for loans levelled off and the banks, in order to make use of their excess cash reserves, added substantially to their holdings of treasury bills and other Government bonds. There was a further decline in short-term interest rates and in February 1955 the Bank Rate, which had been increased to 2 per cent in February 1950, was lowered to 1 1/2 per cent. Although the economy had begun to recover from the mild recession by the winter of 1954–55, unemployment remained relatively high and it was not until the following summer, as the expansion quickened, that the Bank of Canada began to shift away from a policy of ease.

This book ends at a time when the Canadian economy was in the early stages of a boom that was soon to bring concern about developing pressure on resources and the emergence of inflationary strains. There had thus been an almost complete swing of the pendulum since the launching of the Bank two decades earlier. Where the main concern at that time had been that the economy was not responding to stimulus, by the 1950s it was beginning to be realized that the bias now was much more the other way. Two decades earlier the problems had centred around establishing a new institution and gaining experience with only limited tools at the disposal of the central bank but with the direction of policy relatively clear-cut. As the Bank entered its third decade, it was firmly established and much better equipped with the tools needed to perform its functions but it was now operating in a much more highly developed economy and facing much more complex problems.

Mr. Towers, who had been appointed in 1934 to head the new institution, retired at the end of 1954. His successor as Governor

was James E. Coyne. Mr. Coyne had been Deputy Governor since the resignation of Donald Gordon in 1949. His successor as Senior Deputy Governor was J.R. Beattie, formerly Executive Assistant to the Governors.

* * *

In concluding this book on the early history of the Bank of Canada, it is appropriate that tribute should be paid to Graham Towers, whose tenure of office spanned the whole of the interval covered by these chapters. One of Canada's outstanding public servants, Mr. Towers died in December 1975 at the age of 78.

At the time of his retirement at the end of 1954, Mr. Towers had served as Governor for over twenty years. Few other heads of central banks have served as long, and then only after the institutions they headed were well established. Mr. Towers took over an institution that existed mainly on paper and, though the duties of the new central bank were described in general terms in the Bank of Canada Act and certain powers were conferred on it, this provided no more than a very broad outline of what its functions should be. Mr. Towers had perforce not only to bring the Bank into being but to establish it as an integral part of the financial community. Under his leadership the Bank developed into an institution capable of meeting the difficult and challenging problems of a period during which external developments had a profound impact on the Canadian economy. In the circumstances his role as Governor, and that of the Bank, was much broader than it would have been under more normal conditions and his achievements all the greater. He was responsible for organizing the Foreign Exchange Control Board and served as Chairman throughout its existence; as the war progressed he became increasingly involved in the various steps taken to channel savings into the war effort, becoming Chairman of the National War Finance Committee in 1943. He was involved in planning for the postwar period, playing a major role in the successful establishment of the Industrial Development Bank of which he was President for about a decade. As has been discussed in this chapter, it was under Mr. Towers' leadership that the Bank in the early 1950s initiated measures to encourage the growth of a money market, a step that had not been practicable earlier but which was extremely important if the Bank was to be in a position to discharge its functions with the

return of more normal conditions. In accepting his resignation, the Board of Directors of the Bank paid tribute to Mr. Towers in part as follows: "in his farsighted direction of the central bank's operations through the first twenty years of its existence, he made a unique contribution to the strength of Canada's financial structure and to the development of the entire Canadian economy." In founding the Bank and guiding its direction for such a lengthy period, Mr. Towers inevitably left an indelible imprint on the Bank which, though it may not be apparent to new members of the staff, is still there.

Bank of Canada 1938: Architect: Marani, Lawson & Morris. Spandrels, representing seven industries, were designed by Jacobine Jones. (Bank of Canada Archives)

Index